サラリーマンのための
起業の教科書
～損しないフリーランスの極意

大[illegible]

O[illegible]

小学館新書

サラリーマンのための起業の教科書～損しないフリーランスの極意

目次

第6章 ● 賢くお金を調達しよう

まえがき

「起業してみたい」

と思っているサラリーマンは多いのではないでしょうか？

日本政策金融公庫総合研究所が２０２１年11月に行った「２０２１年度起業と起業意識に関する調査」によると、回答者のうち起業家や起業に興味を持つ人は30代以下で約43％を占めていますが、50代以上も約27・７％と約３割を占めるほどになっています。かつてのように定年まで勤めあげて、その後は年金生活でのんびり暮らすという日本式の生活様式が変わりつつあることを物語っています。

本書は、サラリーマンが起業をするときに必要な情報を述べた「教科書」です。

「どういう起業の仕方が成功する？」

「副業の税金はどうすれば得をする？」
「確定申告って素人でもできるの？」
「会社を辞めたら社会保険はどうすればいい？」
「起業するときのお金はどうやって調達すればいい？」

そういう起業する際に生じる疑問の数々にお答えし、よりスムーズに起業していただこうというのが本書の趣旨です。

現在、起業している人の大半は、もともとはサラリーマンだった人です。学校を出てすぐに起業をした人というのはそう多くはありません。起業家、経営者の多くは、サラリーマン経験者なのです。

筆者も元サラリーマンです。もともと国税局に勤務していたのですが、一念発起してフリーランスのライターになりました。

自分がフリーランスになってみると、サラリーマンのときには思ってもみなかった事態にたびたび見舞われました。

たとえば税金や社会保険なども、サラリーマンとフリーランスではまったく違います。税金は天引きされるサラリーマンと違って、年に一回、まとめて払わなければなりません。社会保険も、自分で計算して選択したりしなければなりません。

またサラリーマンは、仕事があろうがなかろうが、毎月一定額の給料がもらえます。しかし、フリーランスなどでは、収入はまったく一定ではありません。何か月も収入がないときもあれば、サラリーマン時代の半年分くらいの収入が一度にドンと入ってくることもあります。

「収入の波」というものをフリーになった初めて経験しましたし、収入がない時に借金をするという経験も、サラリーマン時代にはなかったことです。

そういう情報は、あまり巷に流れてはいなかったので、筆者は自分のフリーランスでの事業を試行錯誤で進めていきました。運よく、現在は軌道に乗っていましたが、軌道に乗るまでしばらくかかりました。

もしあらかじめ、起業したとき、フリーランスになったときの手順や情報を知ることができれば、もう少し早く事業を軌道に乗せることができたのではないか、とも思っています。

そういう「起業したときにぜひ知っておいた方がいい情報」を本書には集めました。

実際に起業するかどうかはわからなくても、起業するとはどういうことかを知るためにも、本書をめくっていただければ幸いです。

第1章

起業する前に副業で肩慣らし

起業への覚悟はあるか

起業に成功するためには、まず準備が非常に大事です。

当たり前のことをいっているようですが、実はこれができていない人がけっこう多いのです。特にサラリーマンの起業の場合、よくよく準備もせずに、会社の仕事が嫌になったから早く辞めたいということで見切り発車してしまうケースが非常に多いようです。

「会社から命じられた仕事をするよりは、自分で事業をやって稼ぎたい」

と思っている人もいるでしょう。

そう考えることは決して悪いことではありませんが、甘く考えるとサラリーマンという安定した職を失うなどの大きな痛手を被《こうむ》ることになります。

また起業する場合は、正社員のように、会社が社会保険の半分（全部ではありませんが）を負担してくれませんので、全額自己負担で社会保険に加入しなければなりません。もちろん、失業したときの雇用保険などもありません。

ゆえに起業する際にはある程度の覚悟が必要です。

起業するにあたって、もっともやってはならないことは、起業に関するアイディアをまったく具体的な検証をせずに、いきなり実行に移すことです。

どれだけの作業でどのくらいの収入になるのか、なるべく綿密にシミュレーションするべきです。このシミュレーションをどれだけ綿密にできるかが、起業の成否に大きく関わってきます。

起業には、大きく分けて二つのパターンがあります。

一つは、「今の仕事の知識や技術をそのまま生かした起業」です。

たとえば建設業、内装業の起業などです。一定期間、どこかの会社で仕事を覚えた後に、自分の地元などで開業するというわけです。

筆者は今、出版業界で仕事をさせてもらっていますが、出版業界というのも独立開業者が非常に多い業界です。中小出版社や編集プロダクションのほとんどは、創業者が以前出版社に勤めていて、ある程度経験を経た後に、自分で起業したものです。

建設業や出版業に限らず、製造、卸《おろし》売り、小売り、様々な業種で、このパターンの起業はあります。

もう一つの起業パターンは、「今の仕事とは関係のない、自分の趣味や興味を生かした起業」です。

たとえば会社で経理をしていた人が、飲食店を始めたり、農業を始めたりするようなケースです。

この二つのパターンは、同じ起業ながら、準備の方法は大きく違っていきます。

そこで、それぞれの準備の方法を、順に紹介していきたいと思います。

「会社の延長による起業」は成功しやすいが落とし穴も多い

まずは、「会社の仕事の知識や技術を生かした起業」の準備についてお話ししたいと思います。

起業の中で、比較的成功しやすいのが、このパターンです。新しい分野に進出する起業よりも、自分がやっていた仕事での起業の方が、知見もありますから当然かもしれません。

ですが、このパターンには落とし穴もけっこうあります。元国税調査官として、これまで多数の起業家を見てきましたが、成功者と失敗者を分けるのは、二つの重要な条件があります。

一つは、技術がしっかりしていることです。

当たり前のことかもしれませんが、独立開業するには、やはりそれなりの技術力が必要なのです。その人だったら、独立せずに会社の中にいても出世しただろうというくらいの腕は必要です。

それともう一つ、営業的にある程度の目論見《もくろみ》が立ってから独立しなければならないということです。自分がまだ会社勤めをしている間に、ある程度の顧客を確保していたり、自分の知り合いが多く、必ずある程度の仕事が見込める場所で開業するなど、成功者は最初からある程度の売上が見込めるようになってから開業しています。

大企業出身者にありがちですが、仕事が細分化されており、一つのことをこなすパフォーマンスは高いのですが、ほかのことになるとさっぱり、という人が多い気がします。たとえば商品開発力は高いけど営業経験はないとか、営業力は高いけど経理は任せっきりとか、という具合です。起業する場合はそれらすべてを把握できなくてはなりません。しかし、大企業ゆえのプライドなのか、全部自分でできると勘違いしてしまう人がとても多いのです。知人の大手新聞社の記者も「一国一城の主になる」と勇んで会社を辞めて独立したものの、それまで付き合いのあった取材元からはあっさり袖にされたそうです、彼らはその人ではなく、その大手新聞社の肩書があったから付き合ってくれていたというわけです。

また「会社の延長による起業」をする場合、どんぶり勘定ではいけません。数字に細かくなっておくことが大事です。

「この仕事をいくらで請け負えば、いくらくらいの収入になる」

「今の年収を超えるにはどのくらいの仕事量が必要か」

「税金や社会保険料はどのくらい増えるのか（減るのか）」

等々です。

そのシミュレーションをする際は、なるべく厳しい査定をすることです。

起業をしようというような場合、どうしても将来を甘く計算しがちになります。が、現実は絶対に予想よりも厳しくなります。

だから、現在想定しうる最悪の数字で計算することが大事です。


また独立して成功している先輩などがいたら、その先輩から情報を集めましょう。会社ではあまり親しくなかった先輩でも、臆せずにコンタクトを取ってみましょう。独立開業している人はサラリーマンよりずっと孤独なので、人から頼られるとうれしくなるものです。また起業して成功するには、そういう図々しさも必要です。

まずは副業で事業の全体像をつかむ

まずは在職中に起業の練習として、何か副業をやってみることをお勧めします。

お試しの副業は、お金がかからない手軽なもので構いません(せどり＝転売、アフィリエイト的なものなど)。

副業として始めたことが発展して、独立開業につながるというのがベストですが、ここでの目的は、「とりあえず事業をしてみる」ということです。

ただし、お金を取ることへの責任感は必ず必要です。自分にとっては片手間であっても買う方には関係ありません。事業をするにはプロとしての責任が問われます。

事業というのは、大まかにいって次のような流れで行われます。

事業の計画を立てる

←

商品（サービス）を準備する（製造もしくは仕入れをする）

←

営業活動を行い顧客を開拓する

←

契約し、商品を引き渡して集金する

←

売上経費を精算し、納税等を行い、次の計画を立てるサラリーマンの仕事というのは、この流れの中のほんの一部分だけです。つまり、ほとんどのサラリーマンは、事業全体の仕事をしたことがありません。

しかし、事業を行ってお金を得るためには、この流れを全部クリアしなければなりません。だから、小さくてもこの流れを全部体験してみるべきです。

そして「事業でお金を得るとはどういうことか？」ということを体で覚えさせるのです。

どのくらいの手間でどのくらいの利益が得られるのか？

そういうことを体感してほしいのです。

「（自分の想定で）起業してどれくらい稼げるものなのか」

「自分の強みと弱みは何なのか」

ということを客観視できるようになっておくことが必要です。そして、それらを文章にまとめておければさらに効果があるはずです。

今の知識や技術を生かしながらアレンジを施す

起業で成功するパターンで多いのが、サラリーマンが「会社の仕事をそのままやるのではなく、自分が今までやってきた仕事をちょっとアレンジする」というものです。

自分のやっている仕事の情報から、ちょっとしたビジネスのヒントをつかむという感じで、うまく起業を成功させている人が多いのです。

たとえば、筆者が知り合った創業社長にはこういう人がいました。

その人は医療設備メーカーのセールスマンをずっとやっていた人です。が、仕事をするうちにメーカーと病院の間をつなぐ業者はあまりいないことに気づきました。病院の欲しているものとメーカーが売りたいものが、微妙に違ったりするのに、それを調整するコーディネーターのような業者がいなかったのです。

そのため、その人はセールスマンを辞め、医療機械のコーディネートをする会社をつくったのです。

そういう具合に、ゼロから新しいことを始めるのではなく、今までの知識と経験を生かしながら、ちょっとアレンジを加えて、というのが起業で成功しやすいポイントです。

サラリーマンから独立開業して成功する人は、このパターンが非常に多いのです。だから、今、サラリーマンをやっている人は、今の仕事の中からビジネスにつながるものを見つけ出すことが起業の早道かもしれません。

このパターンで起業するには、会社の仕事をしながら、「こうやったらもっといいんじゃないか」「こういうものがあったら便利じゃないか」などのアイディアを日頃から蓄積しておくことが大事になります。

「新しい分野での起業」は予行演習が必須

次に「今の仕事とはまったく違う別の分野で起業する」というパターンについてお話しします。

この起業パターンの場合、入念な予行演習が必須です。

「会社の延長起業」でも予行演習をした方がいいと説明しましたが、「違う分野での起業」の場合はかなりの高リスクですから「した方がいい」ではなく「絶対するべき」です。

もちろん、お試しで事業をするのも簡単ではありません。ですが、工夫次第でできないことはないのです。

たとえば雑貨店を開きたいと思っているような人は、売りたいと思っている雑貨などを少量仕入れてみて、ネットなどで販売してみるといいでしょう。

飲食店をしたいと思っている人は、アフター5にでも、飲食店でアルバイトをしてみるといいでしょう。筆者の知人に、脱サラして焼き鳥店を開業し、成功した人がいますが、その人は会社勤めをしているときから、夜は焼き鳥店でアルバイトをし、仕事や経営のノウハウを学んだそうです。

要は、頭の中だけでアイディアを膨らませるだけではなく、何かしら実際にやってみることです。

新しい分野で起業したいと思っている人の多くは、アイディアは非常に膨らんでいるものです。

しかし、そのアイディアが実際に有効かどうかをチェックする作業が欠けている場合が多いのです。

アイディアを具現化する際に、一番大事なのはシミュレーションです。くれぐれも、何の検証もせずに、いきなり開業ということだけは避けてほしいものです。

予行演習をしてみて悪いことは一つもありません。

失敗すれば撤退すればいいのですし、「いきなり起業すること」のリスクを回避することもできます。

今の世の中、新しい事業のタネはあふれています。大事なのは、自分に合うようにアレンジすることです。

また予行演習をしてみることは、在職中の仕事にもいい影響があります。別の事業をすることで違った角度から社会を見ることができるし、会社でのストレス解消にもつながります。また自分には何ができ、何ができないか、何に向き、何に向いていないかを確認する手立てにもなります。

筆者の経験

前項までいろいろと断定口調でいいきってきましたが、なぜかというと筆者自身も起業の経験者だからです。

かつて国税職員という国家公務員を10年ほどしており、その後、フリーのライターになりました。

筆者はよく「よくそんな安定した職を辞められましたね」ということをいわれます。「すごい冒険ですね」という人もいます。

ですが、筆者としては、ただ気持ちに任せて国税職員を辞めたわけではありません。それなりに予行演習的なことはしていました。

国税に勤めている間に、副業とまではいいませんが、独立開業のための準備はしていました。具体的にいえば、「国家公務員○△の部屋」という感じの名称でホームページをつくって自分の文章を発表していました。今でこそ、ブログなどで自分の文章を発表するなどというのは、珍しくもなんともありませんが、筆者がしていたのは20年以上前だったので、けっこう珍しい部類でした。

筆者は、ホームページを毎日のように更新していました。そのうちに読者も増え、雑誌などにも取り上げられるようになりました。そして出版業界内で人脈ができていきました。

とはいえ、当時は国家公務員というのは副業禁止だったので、雑誌に執筆したりということはできませんでしたが、内緒で出版社に出入りさせてもらったり、無報酬で簡単な記事を書かせてもらったりしていました。

このときの経験は、ライターとして独立開業する上で、大きな武器になりました。当時、私は、国税調査官として仕事をしつつ、一日に原稿用紙10枚分以上の文章を書いていました。うまいか下手《へた》かは別として、自分にはものを書くという作業が性に合っているということがわかりました。こういう仕事であれば、いくら量が多くても、それほど苦にならないだろうと。

またネットでは、読者の反応が直接わかるので、自分のどういう文章やテーマが読者に受けているのかというのが、だいたいつかめました。いわば、自分のライターとしての価値をマーケティングしていたわけです。

当時の私は、そこまで計画性を持ってやっていたわけではありませんが、図らずもそれが独立開業の準備となっていたわけです。この「準備期間」がなければ、私はライターとしてやっていくことが絶対にできなかっただろうと思います。

SNSを駆使する

「会社の仕事を辞めて起業したいのだけれど、何をしたらいいのかわからない」

という人もいると思います。

そういう人も、まずは簡単な事業を副業でやってみるといいでしょう。

昨今ではSNSの発達により、新しい事業は非常にやりやすくなっています。自分の行動力、探求心をお金に換えることがやりやすくなっているのです。

ちょっとした販売業ならば、ネットですぐに始めることができます。

また商品を売らずにノウハウを売るという事業方法もあります。

料理が得意の人は、料理店を出すことはなかなか難しいですが、料理のレシピを売ったり、料理の過程を動画にすることも可能です。

写真が好きな人は、写真を売る、写真を撮ってあげる、写真のテクニックを動画などに上げる、写真の撮り方を教える、といくつもの商売方法があります。

筆者が国税調査官をしているとき、税務調査などでいろいろな企業を見てきました。

そのとき「世の中というのは、本当にいろんな事業があるんだなあ」と思ったものです。

たとえば、自動販売機だけで事業を行っている人もいます。自動販売機がない場所に自動販売機を設置したり、ユニークな自動販売機を設置することで、収入を稼ぐのです。驚くほど高収入の事業者もいます。

また珍しい野菜ばかりをほんの少量生産する農家もいました。

こういう〝珍しい仕事〟というのは、競争が少ないので（いわゆるブルーオーシャン）、ある程度の収入は確実に見込めます。そして、こういう珍しい仕事というのは、ちょっと視点を変えれば、身の回りの生活の中で、いくらでも転がっているものなのです。

たとえば昨今では外国で売られているものでもネットで簡単に買うことができます。しかし、語学が苦手でためらう人も多いのが現実です。もし、あなたが語学が得意ならば、語学が苦手な人向けのサービスをつくれるはずです。ビジネスに結びつけられる要素がたくさんあるのです。

普通に暮らしていく分だけを稼ごうと思えば、実はそんなに難しいことではありません。実際、筆者も独立してからマンションも購入しましたし、趣味である楽器演奏も楽しめています。コロナ前までは年に数回、海外旅行もしていました。

フランチャイズは超キケン

次は逆にどんな起業が失敗しやすいかということを述べていきたいと思います。

まず最初に挙げたいのは、フランチャイズ店です。

チェーン店がよく「フランチャイズ店を出しませんか？」というような広告を出していますよね？

脱サラをしたいと思っている人の中には、その広告に惹《ひ》かれてしまう人もいるようです。が、フランチャイズ店の成功率はかなり低いと思った方がいいです。

地の利のいい場所に土地を持っていた人が、有名チェーン店のフランチャイズ店をつくって成功した、というような例は聞いたことがありますが、そのほかではほとんど成功例は聞きません。

これは普通に考えればわかるはずです。

チェーン店が儲《もう》かっていて店舗を増やしたいというような場合は、普通は自社で新規店舗をつくるはずです。わざわざ、ほかの人に店舗を出させて、儲けさせてあげようというようなことはないはずです。

新しい店舗をつくるということは、リスクを伴います。店舗の改装費や家賃など、大きな経費が必要となります。店員を雇うためには人件費もかかります。もし思ったように売上が立たなければ、大損をしてしまいます。

もし、絶対に儲かるという自信があるならば、自社でこれらの経費を負担するはずです。しかし、儲かるかどうかわからない場合は、この経費は負担したくない。そこで、ほかの誰かに店を出させるわけです。つまりフランチャイズ店を募集している、ということは、自社で店舗を出すときのリスクを、ほかの人に負わせようというわけです。

しかもリスクを負わせられるだけではありません。もし儲かった場合には、多額のロイヤリティーを取られます。本部にとってはエンドユーザーはお客さんではなく、フランチャイズ店のオーナーなのです。

つまり、儲からなかったときのリスクを背負わされた上に、儲かったときの利益まですめ取られるのです。某コンビニチェーンでは10年契約を基本に、どんなに儲からなくても廃業できず、途中で撤退した場合は多額の違約金を支払わされる契約があるようです。

不動産経営は魑魅魍魎《ちみもうりょう》の世界

お金を稼ぐ方法には、不動産経営というものもあります。

まとまったお金を持っている人が、不動産を買って不動産経営をするということは、昔から行われてきました。

また昨今では、サラリーマンがローンを組んでアパートなどを買い、副業として不動産経営をするというケースも増えています。不動産業は、あまり手がかからない業務です。不動産事業は、開始当初こそ、建物の購入にかかる金融機関との折衝や管理してくれる不動産会社との交渉や登記など、わずらわしい手続きが必要です。不動産を貸せる状態にするまではけっこう大変です。しかし、一旦、賃貸を始めれば後はそれほどすることはありません。

たまに部屋の不具合やトラブルが起きて対処するくらいです。

「何もしなくていい」とまではいいませんが、少なくともほかの事業に比べればはるかに手間がかからずに済みます。

平成28（2016）年にはアパート向けの融資が過去最高を記録しています。つまりは、ローンを組んでアパートを建てる人が激増したわけです。このアパート向け融資は、あまりにも件数が増えたため、数年ほど前から、金融庁の監督が厳しくなりました。そのため、アパート向け融資は少し減っているようですが、それでもかなりの高水準です。

しかし、サラリーマンなどのアパート経営のほとんどは赤字になっています。

そもそも、アパート経営が儲かるのであれば、不動産会社は自分たちでやっているはずなのです。わざわざほかの人に売りに出すということは、あまり儲からないにほかなりません。よく「ワンルームマンション投資」の勧誘電話がかかってきますが、ほぼほぼクソ物件です。買った瞬間に負債を背負い込むスキームです。絶対に手を出してはいけません。

はっきりいうと、今、不動産の素人《しろうと》が不動産経営を始めることは非常に危険だと思われます。現在でさえ、少子高齢化で空き家問題などが生じており、家が余っているのです。今後は、もっともっと空き家問題は深刻になってくると思われます。

しかも、前述したように、最近、賃貸アパート、賃貸マンションが急激に増えているのです。よほど条件のいい物件でないと、収益的に成功するとは思えません。

もちろん、収益は物件によります。都心部の駅近にあるような物件ならば、ある程度の収益は見込めます。しかし、そういう物件は、値も張りますし、購買時の競争も激しいものです。

また不動産投資において、一番オイシイ物件は、すでに押さえられているものがほとんどです。空き室が出てもすぐに誰かが入るような利便性の高い場所は、とっくに目利きの人たちが押さえています。はっきりいってコネの社会です。そして、そういう物件はなかなか手放されるようなことはありません。新聞広告に載っているような物件は箸にも棒にもかからないものと考えてもよいと断言できます。

昨今のサラリーマンたちが手を出している不動産物件というのは、あまり収益が見込まれず、既存の投資家や不動産会社が手を出しかねているものばかりなのです。

不動産に関して、よほど知識があり、絶対に収益を挙げられるという自信がある人以外は、安易に不動産業に手を出すべきではないでしょう。

サラリーマン副業の税金問題

サラリーマンが副業をした場合、税金の申告が必要になるケースがあります。

基本的にサラリーマンの場合、給料以外の「収入が20万円」以下の場合は、確定申告しなくていい（つまり税金を払わなくていい）ということになっています。この「収入20万円」というのは、売上のことではありません。売上から経費を差し引いた利益が20万円を超えた場合は申告の必要があるということです。だから数十万円程度の売上では、おおむね申告の必要はありませんし、１００万円以上の売上であっても経費がかかって利益が20万円以下となっていれば申告の必要はないということです。

ただし、20万円以下の収入でも税金を払わなければならない場合もあります。

20万円以下が免税になるのは、サラリーマンが「個人的な収入」を得ているときだけであって、会社以外で普通にアルバイトなどをして得た「給料」に対しては、免税にならないのです。

つまり副業といっても給料をもらうような仕事をしている場合は、20万円以下でも確定申告をしなければならないのです。だから会社から帰った後、飲食業を学ぶためにアルバイトをするなどの場合は、20万円以下であっても税金を払うことになります。

しかし、こういう普通のアルバイトの場合、今はだいたい給料から源泉徴収されていますので、確定申告をすれば、かえって還付になるケースも多いのです。

源泉徴収されているかどうかは、給与明細を見ればすぐにわかります。給与明細の「源泉徴収税」という欄に、金額の記載があれば源泉徴収されているということです。金額の記載がなかったり、欄自体がないような場合は、源泉徴収されていません。

申告の方法は簡単です。アルバイト先からもらった源泉徴収票と、会社からもらった源泉徴収票を税務署に持っていき、後は税務署員に聞けば、確定申告は簡単につくることができます。普通のアルバイトの場合は、自分で経費計算などはできないので、税務署員と見解の相違が起きることもありません。

税金のかかる副業

アルバイトではなく自分で事業を行い、20万円を超える収入があった場合の税務申告のことを説明しましょう。

この場合、「雑所得」か「事業所得」で申告をすることになります。

雑所得というのは、ほかに主たる所得がある人のちょっとした収入という感じのものです。そして事業所得の場合は、ちゃんと事業をしている人がその事業の所得として申告するというものです。事業所得で申告する場合は、一般の事業者と同じように申告することになります（第2章参照）。

雑所得で申告をする方法は簡単です。

収入から経費を差し引いた「所得」を申告するだけです。

経費は、その副業に関連する費用を原則として全部計上することができます。ネット関係の収入であれば、ネットの通信費や、パソコン購入代、光熱費なども経費にできます。

ただし、これは、個人使用分と副業での使用分で按分《あんぶん》しなければなりません。

しかし、自分で申告書をつくるのは、そう難しいことではありません。

税務署が出している手引きを読めば、だいたいわかります。それでもわからない場合は、自分の収入と、経費を計算した上で、税務署に相談に行けばいいだけです。

税務署に相談に行くと、経費などを厳しく精査されるので、経費は自分で計算していった方がいいでしょう。

副業を会社にばれないようにする方法

これまで筆者は起業する前に副業をしてみることをお勧めしてきましたが、会社によっては副業を禁止していたり、副業していることがばれたらまずいような場合もあるでしょう。

そこで副業してもばれにくい方法を、紹介したいと思います。

副業が会社にばれる一番のルートは税務申告です。

副業である程度稼げるようになって確定申告をすると、給料と副業分の収入が合算されて計算されることになります。そして翌年の住民税は、その合算額をもとに算出され、会社に通知されます。会社は住民税を源泉徴収しなくてはならないからです。

その結果、会社は、合算分の収入を知ることになり、会社以外で働いているということが判明してしまうのです。これを避けるには、副業の確定申告をする際に申告書の「住民税に関する事項」の欄で、「自分で納付」に○をつければいいのです。そうすれば、副業による収入にかかる住民税は、合算されず本人に直接、納付書が届くことになります。その納付書で自分で納付すれば、会社にはばれないで済みます。

ただこれは副業で「アルバイト」をして「給料」をもらう場合には、通用しないこともあります。

サラリーマンでも事業所得で申告ができる

かつて、ビジネス誌などで盛んに取り上げられた「サラリーマン副業節税」というものが流行《はや》りました。

ネットなどを中心に、かなり広まったので、ご存じの人も多いでしょう。この手法は、実は非常に危険を伴うものなので、ここで説明しておきましょう。

「サラリーマン副業節税」の仕組みとは次のようなものです。

サラリーマンが会社から天引きされている税金というのは、所得税と住民税です。所得税というのは、その人の所得に応じてかかる税金であり、住民税というのは所得の多寡《たか》にかかわらずその人の所得におおよそ10％の税金が課せられるものです。

つまり、所得税も住民税も「所得」に対してかかってくる税金というわけです。

でも、この所得というものが、実はちょっと複雑な構造をしているのです。税金の上での所得というのは、その収入方法により分類されています。

所得には、給与所得、事業所得、不動産所得など10個の種類があります。

この所得の種類は、一人が一個とは限りません。

サラリーマンをやりながら不動産収入がある人もいるので、所得の種類が複数ある人もいるのです。そういう人の場合は、種々の所得を合計して、その合計額に対して税金が課せられることになります（ただし、所得の中には譲渡所得のように「分離課税」となっているものもあり、その場合は、単独での計算となります）。

そして、給与所得と事業所得がある人の場合、二つの所得は合算されることになっているのです。

たとえば、給与所得が1000万円、事業所得が1000万円あった場合、この人の所得は2000万円ということになります。

ところで事業所得には「赤字」を計上することが認められています。つまり、事業所得はプラスだけではなく、マイナスになることもあるのです。給与所得と事業所得がある人が、事業所得に赤字があれば、その赤字を給与所得から差し引くことができることになっています

たとえば、給与所得が800万円、事業所得は赤字が600万円あった場合、この人の所得は800万円－600万円で、200万円ということになるのです。

この人の場合、会社の源泉徴収では、800万円の所得として税金が差し引かれています。でもこの人の合計所得は200万円しかないので、納めすぎの状態になっていることになります。

これを税務署に申告すれば、納めすぎの税金が戻ってくる、というわけなのです。

この仕組みを利用して、サラリーマンが副業を始め、赤字を出して税金を安くする、というのが、「サラリーマン副業節税」のスキームです。

この節税スキームのキモは、副業を事業所得として申告することです。

本来、副業的な収入は雑所得として申告するのが普通です。

雑所得というのは、ほかの所得に区分されない所得、年金所得、額が小さくて取るに足らない所得などのことです。

この雑所得というのは、赤字が出てもほかの所得と通算することができません。

たとえば、売上80万円で、経費が100万円だった場合、雑所得はゼロということとされ、赤字の20万円は税務申告の上では無視されてしまうのです。

なので、「サラリーマン副業節税」は、雑所得ではなく、事業所得として申告するのです。事業所得ならば、赤字が出た場合、ほかの所得と差し引きができるからです。つまり、サラリーマン副業節税は、「副業を事業所得で申告する」というのが、肝心なことです。

ですが、副業をした場合、誰でも事業所得で申告できるのでしょうか？

実は、これが微妙なのです。

「事業」というと、大々的に商売をしているという印象があり、ちょっとした副業程度では事業とはいえないような感じもあります。

しかし、税法上はどのくらいの規模があれば「事業」として認められる、というような明確な区分がないのです。つまり、副業を雑所得として申告するべきか、事業所得として申告するべきかの明確な区分というのはありません。

また実はサラリーマンをしながら事業所得を申告している人は昔からたくさんいます。たとえば、サラリーマンをしながら家業の酒屋を継いでいるというような人の場合、そういう人たちは昔から立派に「事業」として申告していました。

だから理屈の上では、どのような「事業」であろうと、事業所得として申告することは可能です。

ところが、国税庁の通達により、令和4（2022）年分の申告からサラリーマンの副業の場合は、年刊の売上（収入）が300万円以下ならば特段の事情がない限り、雑所得として取り扱うという方針発表に激震が走りました。年収300万円といえば月にならすと月収25万円です。本業並みですからかなりの高ハードルです。雑所得となると青色申告特別控除（詳細は54ページ）も使えなくなりますし、それに伴い前述した本業と含めての黒字と赤字を相殺することもできなくなります。つまり、確実に増税につながってしまうのです。政府が「働き方改革」などといって、副業を推進しておきながら、副業が浸透した途端に増税を企てるとは相変わらずヒドイとしかいいようがありません。

もっとも、パブリックコメントを募ったところ、批判意見が殺到。２０２２年10月7日に国税庁は「所得に係る取引を記録した帳簿書類を保存すれば事業所得にできる」と内容を大幅に修正せざるを得ませんでした。「３００万円」という金額ではなく、「帳簿」の有無で区分することで落ち着きました。

しかし、国税庁は税収を増やすために虎視眈々です。今後も注視が必要です。

第2章

得する税金の話をぶっちゃける！

フリーランスの開業の手続き

事業を始めるとき、まず「フリーランス＝個人事業」で行うか「会社」をつくるかという選択をしなければなりません。

会社をつくるというのは、会社を自分で設立して登記するということです。個人事業者というのは、法人登記を行わず、個人名義で行っている事業者のことです。

会社をつくらなければ自動的に「個人事業」ということになります。なので、会社をつくらずに普通に自分で事業を開始する場合は、みな個人事業になります。フリーランスであっても、店舗などの開業であっても、それは変わりません。

会社をつくれば、税金や社会保険などが全然違ってきます。

会社には、法人税、法人住民税などがかかってきます。しかし、フリーランスには、法人関係の税金はかかってきません。その代わり個人で得た収入に対して、所得税や住民税（場合によっては事業税も）がかかってくるのです。

会社をつくった際の社会保険、税金については第3章、第4章で述べたいと思います。

本章では会社をつくらずに、フリーランスで開業したときの開業の手続きや税金について紹介していきます。

フリーランスとして仕事を始めるとき、役所などの手続きはあまりありません。飲食店などの場合は保健所への手続き等がありますが、そういう特別な許可が必要な事業でなければ、手続きは非常に簡単です。

フリーランスの開業の手続きとしては、税務署に「開業届」というものを提出すれば大丈夫です。この開業届も開業1か月以内に出すのが義務ですが、開業時に必ず提出しなくてはならないものではなく、後から出すこともできますし、出さなくても罰則などはありません。

確定申告の入門書などを見ると、事業を始めた場合は、必ず税務署に開業届を出さなければならない、ということが書いてあります。もちろん出すに越したことはありません。が、開業届を出していないから、税務申告ができなくなるようなことはありません。

開業届を出していなければ、確定申告書の用紙が届かないだけです。申告書は税務署に行けば普通にもらえますし、申告も普通にできます。

また市区町村の役所などには、開業届等を出す必要はありません。

フリーランスデビューに必要な届出書

このように開業届は必ずしも出す必要はありませんが、税務申告をする上で開業時に出しておいた方がいい書類もあります。その書類は左記の通りです。

★青色申告の申請書（青色申告承認申請書）
これは青色申告で申告したい人が出すものです。

青色申告をしたい年の3月15日までに提出しなければなりません。用紙は税務署にありますし、国税庁サイトでもダウンロード可能です。

青色申告については、次項から詳しく説明します。

★減価償却方法の届出書

これは減価償却において定率法を使いたい人が出す書類です。この届出書を出さなければ、自動的に定額法になります。用紙は税務署にありますし、国税庁サイトでダウンロード可能です。

この書類は事業を開始して最初の確定申告の期限までに提出します。

減価償却方法については71ページから詳しく述べます。

★消費税課税事業者の届出書

これは消費税の課税事業者になるための届出書です。令和5（2023）年からインボイス制度が始まるとほとんどの事業者は消費税課税事業者になる必要があります。詳しくは143ページから述べています。

確定申告には「青色申告」と「白色申告」がある

フリーランスは、サラリーマンと違って自分で税金の計算をし、確定申告書を税務署に提出しなければなりません。

この確定申告をする場合、二つの方法があります。

一つは青色申告、もう一つは白色申告です。

青色申告というのは、条件に従って帳簿をきちんとつけた人が、若干の恩恵にあずかるという制度です。青色申告をするには自分で税務署に申請しなければなりません。なぜ青色申告というのかというと申告書が青いことからそう呼ばれるようになったのです。

一方、白色申告というのは、青色申告の申請をしていない人か、青色申告を取り消しにされた人が行う申告方法です。だから税務署に青色申告の申請をしていない人は自動的に白色申告になります。なぜ白色申告といわれるかというと、申告書が白いからです。

本来、日本は申告納税制度を採っており、基本的に、納税者が自ら税法に従って正しく所得金額と税額を計算し納税するというのは当たり前のことです。そして正しく申告するためには、収入金額や必要経費に関する日々の取引の状況を記帳したり、必要な書類を保存しておかなくてはなりません。

しかし、事業をやっている人は、なかなかそこまで手が回りません。特に零細のフリーランスは帳簿をきちんとつけていない人が多かったのです。戦前の日本では、申告納税制度ではなく、賦課課税制度といって税務当局が各人の事業内容などを見て税金を決めていました。日本の事業者たちは記帳したり申告をしたりすることに慣れていなかったのです。

その対策として税務当局が始めたのが「青色申告」です。この青色申告は、事業所得のほか、不動産所得、山林所得でも行うことができます。

日本の事業者のすべてが青色申告をしているわけではなく、だいたい6割程度とされています。

また会社の税金（法人税）にも青色申告があります。ですが、会社の場合は、そもそも会社法や商法などで記帳などの義務がありますので、ほとんどの会社は青色申告の要件を満たしていますので、ほぼ100％が青色申告をしています。

青色申告をするためには、まず次の二つの条件をクリアしなくてはなりません。

・一定の条件に従って記帳し一定期間の保管を行うこと（詳細は次項）
・期限までに「青色申告承認申請書」を納税地の所轄税務署長に提出すること

そして青色申告の申請の期限は、次のようになっています。

1、新たに青色申告の申請をする人　その年の3月15日

2、新規開業した人（その年の1月15日以前に新規に業務を開始した場合）その年の3月15日

3、新規開業した人（その年の1月16日以後に新規に業務を開始した場合）業務を開始した日から2か月以内

4、相続により業務を承継した場合（その年の1月15日以前に業務を承継した場合）その年の3月15日

5、相続により業務を承継した場合（その年の1月16日以後に業務を承継した場合）業務を承継した日から2か月以内

6、青色申告をしていた被相続人の業務を承継した場合　相続の開始を知った日の翌日から4か月以内

青色申告の記帳方法

青色申告は、原則として、貸借対照表と損益計算書を作成する「正規の簿記」を行うこ

となっています。

「正規の簿記」は、会計初心者にとっては、かなり大きな負担です。税務署の関係団体などが記帳の指導も行っていますが、複式簿記の計算書を素人が自分だけでつくるのはかなり大変です。

また現金出納《すいとう》帳、売掛《うりかけ》帳、買掛《かいかけ》帳、経費帳、固定資産台帳等の帳簿を備えつけて簡易な記帳をすることも認められています。ただしこの場合は、青色申告特別控除の額が少なくなります。

★帳簿の保存
帳簿および会計書類などは、原則として7年間保存することとされています。しかし、請求書、見積書、納品書、送り状など補助的な書類は5年でいいとなっています。

★青色申告の数々の特典
青色申告にはメリットがたくさんあります。ここでは主なものを紹介します。

1、青色申告特別控除55万円

正規の簿記で記帳し、貸借対照表と損益計算書をつくって確定申告書に添付した場合、原則として所得から55万円が控除されます。

さらにこの55万円の青色申告特別控除を受けることができる人が、電子帳簿保存するかe－Taxによる電子申告を行っている場合は、10万円を上乗せして65万円の青色申告特別控除が受けられます。

たとえば税率が10％の人の場合、65万円の所得控除を受ければ6万5０００円の税金が安くなります。住民税と含めれば、約13万円の税金が安くなるのです。

複式簿記でない簡易の簿記の場合は、住民税も含めて所得控除額は10万円です。

2、家族従業員に給料が払える

青色申告をしている人は、妻などの家族がその事業の手伝いをしている場合に、給料を払うことができます。つまり、家族への給料を事業の必要経費として計上することができるのです。

白色申告も家族に対して給料を出すことが認められていますが、金額の制限があります(詳しくは66ページ)。

3、貸倒《かしだおれ》引当金《ひきあてきん》を使える

青色申告をしている人は、貸倒引当金というものを設けることができます。

貸倒引当金というのは、売掛金、貸付《かしつけ》金などの貸金《かしきん》の貸し倒れによる損失の見込み額として、年末の残高の5・5%までを貸倒引当金として計上し、必要経費に算入できるというものです。ただし、金融業の場合は3・3%になります。この貸倒引当金は、その年に貸し倒れが発生すれば、この引当金で弁済されることになります。その年に貸し倒れが発生しなければ、翌年に繰り越されることになります。

4、赤字を繰り越しできる

青色申告をしている人は、事業で赤字が出た場合、その赤字分を翌年以後3年間にわたって繰り越せます。

青色申告でない場合は、ある年に大きな赤字が出ても、翌年の申告はその赤字は無視してまったくゼロからのスタートということになります。だから、大赤字の翌年、大黒字が出た場合は、大黒字にまともに税金がかかってくるのです。

本当に青色申告は有利なのか？

このように青色申告は確かに特典がたくさんありますが、デメリットもあります。

まず会計初心者にとって、「正規の簿記」を行うということは、かなり大きな負担です。税理士に頼んだりすれば、特別控除額以上の費用がかかってしまうこともあります。

また青色申告を行うと税務署の目が厳しくなります。会計が整備されているということが前提になるので、ちょっとしたミスや不正も許さない、という姿勢になるのです。

さらに青色申告をしている人は、税務署にとっては調査が楽ということになります。帳簿や帳票類がきちんと整備されているわけですから、税務署としては、経理内容を調べやすいのです。何かを誤魔化していたり、悪いことをしたときに発覚しやすくなるわけです。

そもそも税務当局が青色申告をつくった狙《ねら》いはそこにあるのです。

白色申告の申告方法

青色申告は、たくさんのメリットがあるけれど、記帳が大変で税務署の目も厳しいということを述べてきましたが、一方の白色申告はどうなのでしょう？

白色申告は、確かに青色申告に比べて記帳の義務は緩いです。しかし白色申告でもまったく記帳をしなくていいというわけではありません。

国税庁のサイトによると、記帳が必要なものは「売上げなどの総収入金額と仕入れその他必要経費に関する事項」ということになっています。また「記帳に当たっては、一つ一つの取引ごとではなく、日々の合計金額のみをまとめて記載するなど、簡易な方法で記載してもよい」となっています。

この白色申告者の記帳は、以前は、年間の所得が３００万円超のフリーランスに限られていました。しかし、平成26（２０１４）年からは、すべての事業者が、記帳をしなければならなくなりました。

また領収書などの伝票類は、５年間取っておかなければなりません。ただし、どれとどれを取っておかなければならない、という指定はありません。経理に関する伝票類は残しておけ、ということです。

このように白色申告でもある程度の記帳は必要なわけですが、それでも青色申告に比べれば格段に簡単です。

白色申告の記帳は、誰にいくらの売上があって、いくらの経費を誰だれに払ったということを記載していればいいのです。普通の事業者であれば、このくらいの記録はだいたいつけているはずです。白色申告は、会計の初心者でも問題なく申告できるといえます。実際に、白色申告の事業者で税理士などに依頼する人はあまりいません。

青色申告が合う人、合わない人

税務当局や市販の税金の解説本などでは必ずといっていいほど、青色申告を勧めています。

確かに青色申告にすれば、特典の税控除はだいたい10万円以上の節税（54ページ参照）になりますし、赤字の場合や家族を従業員にする場合などにも有利です。

しかし、ここまで述べてきましたように、青色申告の恩恵を受けるには、会計初心者にはかなりシンドイものがあります。

昨今は、会計ソフトなどが充実し、経理自体は簡単にできるようになっていますが、経理内容を理解し青色申告をするためには、やはりそれなりのスキルが求められます。会社の経理に匹敵するくらいの労力が必要になります。経理に疎《うと》い人の場合は、税理士に依頼した方が無難です。

また青色申告特典の税控除を満額の65万円受けるには、複式簿記の作成に加えて、電子申告（e-Tax）をするか電子帳簿の保管をしなければなりません。

電子帳簿というのは、パソコンなどのデジタルデータで記録された帳簿のことです。日々の取引の記録をすべて電子帳簿で保存しなければなりませんし、電子帳簿には改ざん防止の処理がされていること、検索機能がついていることなどの厳しい条件もついています。

そのため、これらの条件をクリアしたパソコンソフトなどを用意しなくてはなりません。

この電子帳簿の保管をするか電子申告をしなければ、青色申告の税控除は55万円となります。

これらの手間や費用をかけるのであれば、いっそ会社をつくるという手もありだと思われます。

会社というのは、節税策がたくさんあるので、方法によっては個人事業よりも税金は安くなります。

たとえば、会社をつくれば「福利厚生費」という経費が使えます。福利厚生費は、食事やレジャー費用も計上することができるので、節税方法がダイナミックに広がります。

だから筆者としては、経理の細かい作業を厭《いと》わず、税理士に依頼しなくても自分で青色申告をできるような人は青色申告をし、会計に疎い人はまずは白色申告をしておく。そして事業が軌道に乗り、規模が大きくなれば会社組織にすることがいいと思います。

またフリーランスをしてから、会社をつくった場合、消費税を最低でも4年間払わなくていい裏ワザもあります(詳しくは141ページ)。そういった面でも、無理に個人事業で青色申告をする必要はありません。筆者も白色申告で手間を省いていいます。

フリーランス（個人事業者）の税金の決め方

フリーランス（個人事業者）の税金というのは、その年に儲かったお金（所得）に対してかかってきます。この所得というのは、事業でいわれるところの「利益」にあたるものです。所得税も住民税も事業税も基本的には同様です。

だからフリーランスは、まずその年に儲かったお金（所得）を計算することになります。

そして、どれだけ儲かったか、という計算は、基本的には売上から経費を差し引いて算出します。その残額が、儲かったお金つまり所得ということになるのです。その所得に対して、所得税がかかることになります。この計算式は青色申告でも白色申告でも同様です。また住民税や事業税も基本的にこの計算式となります。

★個人事業者の税金の決め方

事業の売上 − 事業の経費 ＝ 事業所得

（事業所得－所得控除）×税率＝所得税

個人事業者の税金は、売上から経費を差し引いて算出するわけですが、経費というものが税金に大きく影響します。

売上というのは相手があることですから恣意的に増減することはなかなか難しいものがあります。しかし、経費は自分の意志で増減することが可能です。そして経費が多ければ税金は少なくなり、経費が少なければ税金は多くなるのです。

経費というのは、事業の中で必要な支出のことです。

一般的には、商品や材料の仕入れ代金、事務所の家賃、人件費、通信費、交通費などが想像されることでしょう。

ですが、個人事業者に認められている経費というのは、けっこう範囲が広いです。自宅家賃や光熱費、交際費、家族への給料なども場合によっては計上することができます。

個人事業者の経費として認められている基準は、ざっくりいうと、「事業に関係している支出かどうか」ということです。事業に関係している支出であれば、おおむね経費となるのです。

★主な経費の種類
給料・賃金…人を雇った場合に支払った給料や賃金
外注費…仕事の一部を業者に依頼したときの代金
減価償却費…固定資産を購入した際の減価償却費
地代家賃…建物や土地、駐車場を借りたときの賃料
支払い利子…事業のためにお金を借りたときの利子
旅費交通費…出勤、出張したときなどの交通費、出張手当、宿泊代
通信費…事業での電話、ネットなどにかかった費用、切手代
接待交際費…接待交際にかかった費用
損害保険料…事業上での損害保険に加入したときの保険料
修繕費…事業に使う設備、機械、自動車などを修繕する費用
消耗品費…10万円を下回る消耗品を購入した費用

福利厚生費…福利厚生にかかった費用
雑費…その他の雑多な費用

自宅の家賃もおおむね6割程度を経費にできる

起業したとき、生活に関連する様々な支出を事業の経費に計上できる場合があります。

もちろん、生活関連費を事業の費用に計上できれば、それだけ税負担は安くなるわけです。

よく「自営業者はサラリーマンに比べて税金が安い」といわれますが、それは自営業者が生活関連の様々な費用を事業経費に計上しているからなのです。

「経費に計上できる生活関連費」の最たるものが家賃です。

事務所や店舗を構えずに、自宅で仕事をしているというフリーランスはかなりの数に及びます。

この場合の自宅の家賃などを経費に計上することができるのです。

ただ自宅家賃を経費にする場合、全額を計上することはできません。あくまで事業に関する部分のみです。だから原則としては、プライベートで使っている部分と事業で使っている部分を按分しなければなりません。

「按分の仕方」は特に決まっていないのですが、合理的でなければなりません。

たとえば、自宅のうち仕事で使っているスペースを割り出して、その広さの割合に応じて経費に計上するというようなことです。

この按分の方法がなかなか難しいものではあります。

仕事の部屋と居室が分かれていればいいのですが、都会の狭い住居などでは、仕事部屋とプライベートの居室が兼用になっていることが多いはずです。

そういう場合は、だいたい家賃の6割程度だったら、普通は税務署も認める範囲です。

だから、もし仕事部屋とプライベートを明確に分けることができなければ、6割を目安に経費計上すればいいということになります。

ただ、これは法律で確定していることではなく常識の範囲内（いわゆる社会通念上というやつですね）での話になります。

たとえば、高額家賃の広い部屋に住んでいて、仕事はその中の一室だけを使っている、というような場合は、家賃の6割も経費に入れるのは認められないでしょう。その場合は、仕事で使っている部分をきちんと按分して計上すべきです。

逆に非常に狭い部屋に住んでいて、そこで仕事をしている場合、仕事のスペースは8割と計上しても文句は出ないでしょう。もちろん、光熱費や通信費なども按分して経費にすることができます。

また別に住む場所はあるのだけど、仕事のためだけに別に部屋を借り、そこで居住している場合などは全額を経費に入れることができます。

家族への給料を計上できる「専従者給与」「専従者控除」

起業すれば、家族に給料を払うこともできます。

青色申告の個人事業者には「専従者給与」という支出が認められています。「専従者給与」とは妻や親、子どもなどが、その事業の手伝いをしている場合、一定の支出を認めるという制度です。

青色申告の場合は、この専従者給与には限度額はなく、一般の常識の中でならいくらでも専従者への給料を出せます。

ただし給料支払いの対象となる家族は、事業者と生計を一《いつ》にしていて、年齢が15歳以上ということになっています。配偶者控除の対象となっている家族、扶養控除の対象となっている家族は、この給料支払いの対象とはなりません。

また給料の額は、事前に届出書を出さなければなりません。届出書に記載された範囲の額までであり、いくら儲かった年でもそれ以上は出すことはできません。この点が、会社をつくって家族に給料を払うときと大きく違う点です。

白色申告の場合は、「専従者給与」の支払いは認められていませんが、その代わり「専従者控除」というものが認められています。これは妻（配偶者）は年間86万円、他の親族ならば年間50万円が、「専従者控除」として事業の経費にできるというものです。青色申告と違って、事前に税務署への届け出などは必要ありません。なので、家族への給料を計上するかどうかは、決算が終わってから判断することもできるのです。「今期は儲かったから家族へ払ったお金を専従者控除として計上しよう」ということもできるのです。

ただし、事業所得を専従者の数に1を足した数で割った金額が上限となります。

たとえば、専従者控除を差し引く前の事業所得が１４０万円で、専従者の数が一人だった場合、「140万円÷2＝70万円」が専従者控除の額となります。

また事業者の配偶者控除の対象となっている人、扶養控除の対象となっている人は、この給料支払いの対象とはなりません。

家族に給料が払えるといっても、その業務の対価として適正でなければなりません。著しく高い給料は認められません。

交際費を使い倒そう

事業の経費の中には、交際費というものがあります。交際費というのは、その名の通り仕事に関連した交際にかかる経費のことです。

フリーランスが、税金の上でもっとも得になるのがこの交際費といえます。

特に酒好き、社交好きの人は、自分の遊興費の多くを「交際費」として事業の経費に計上できるのです。

この交際費は、けっこう範囲が広いものです。取引先だけでなく、部下や同僚との交際でも大丈夫なのです。少しでも仕事に関係する人であればOKなのです。

その人と一緒に飲食などをすることで、仕事上有益な情報を得られる可能性があるのならば、それは十分に交際費に該当するのです。また事業を行っている人が、その社会的付き合いから、やむをえず参加しなければならない会合などの費用も当然、交際費に含めていいのです。

そしてフリーランスの場合、この交際費の制限がないのです。

法人（会社）の場合、原則として交際費は税務上の経費にはできません。資本金100億円以下の法人は、交際費の半額しか経費に計上できず、資本金100億円を超える大企業やその子会社は、交際費をまったく経費に計上できません。資本金1億円以下の中小企業は年間800万円を超えると半分までしか交際費を認められていません。

しかし、フリーランスにはそのような制限はありません。つまり、理屈の上では、フリーランスは交際費を無制限に使えるのです。

この点に気づいていないフリーランスはかなり多いのです。営業が主体で接待交際費が多い事業などでは、あえて法人化せずに個人で事業を行うというのもアリだと思われます。

この交際費という経費は、税務署と見解の相違が起きやすいものでもあります。

税務署としては、私的経費が含まれているのではないかと常に疑いの目を持っています。仕事とはまったく関係のない、私的な交際費であれば経費にできませんので、税務署はそれを見つけたいのです。そしてあの手この手で交際費を否認してこようとします。

ですが、先ほども述べましたように、交際費は少しでも仕事に役に立ちそうなものであれば大丈夫です。大事な取引先を連れて、高級レストランやキャバクラに行っても構いません。

また交際費が仕事に関連するかどうかの明確な基準はありません。

その場合、何が判断基準になるかというと、まずは納税者が「交際費と判断したかどうか」です。日本は申告納税制度を採っているので、原則として納税者の申告は認められるのです。税務署側が、その交際費を否認するための明確な証拠を持っていない限り、否認することはできません。

また税務署は、「交際費が多すぎる」などといってくることもありますが、交際費が多すぎるからといって否認できるものではありません。一つ一つの交際費が、交際費に該当しているのであれば、多すぎるからダメなどということはありえないのです。

だから、税務署に対してしっかり主張しましょう。そして、税務署の質問に惑わされないようにしましょう。

ただし交際費について、税務署の目が厳しいことは確かなので、領収書や相手先などの記録はきちんと残しておく必要があります。

減価償却を理解すれば節税策が広がる

事業の経費には、「減価償却費」というものがあります。

この減価償却は、経理初心者にはあまりなじみがなく、また難しそうな語感なので「減価償却」と聞いただけで、拒絶反応を起こす人もいるようです。経理を勉強する人にとって、一番わかりにくいのが減価償却だといえます。

しかし減価償却はそう難しいものではありません。

また減価償却を覚えれば、経費の範囲が飛躍的に広がります。

特に仕事で車を使ったり、自分の家を仕事場にしているような人には、大事なスキルです。

この減価償却を簡単に説明したいと思います。

減価償却というのは、「何年にもわたって使う高額のもの（固定資産）」を購入した場合、買った年の費用として一括計上するのではなく、耐用年数に応じて費用化するというものです。

たとえば5年の耐用年数がある100万円の機械を買った場合、一年間に20万円ずつ、5年間にわたって費用計上していきます。この費用計上のことを減価償却費といいます。本当はもっと複雑な計算を要しますが、仕組みとしてはこういうことです。

減価償却をする対象となる「固定資産」は取得価額が10万円以上のものです。10万円未満のものを購入した場合は、全額をその年の費用として計上して構いません。

また取得価額が10万円以上20万円未満のものを購入した場合は、減価償却をしないで、使用した年以後3年間にわたりその取得価額の3分の1相当額ずつを必要経費とすることができます。

青色申告者の場合は、30万円未満までは全額をその年の費用に計上できます。ただし、これは年間300万円までとなります。

減価償却には「定額法」と「定率法」がある

減価償却の方法は、定額法と定率法というものがあります。

定額法は耐用年数に応じて「毎年同じ額だけ」の減価償却費を計上していきます。

一方、定率法というのは、資産の残存価額に一定の率をかけて、毎年の減価償却費を計上するという方法です。

定額法は、毎年同じ額の減価償却ができるのに対し、定率法は最初のうちは減価償却額が多く、だんだん少なくなってくるという特徴があります。だから、早く減価償却したい場合は、定率法を選ぶべきでしょう。

定率法にするか定額法にするかは事業者が自分で選択することができます（不動産の場合は定額法のみ）。

定率法にしたい場合は、申告前までに税務署に届出書を出さなくてはなりません。もし定率法の届け出を出さなかった場合は、自動的に定額法になります。

★定額法の仕組み

定額法の計算方法は、次のようになります。

購入費 × 減価償却率 × 使用した月数／12 ＝ その年の減価償却費

180万円の自動車を、7月に買ったときを例に取ります。この自動車は、仕事とプライベートと半々に使っているとします。

車の耐用年数は6年なので、180万円を6年間に按分して経費化することになります。定額法で、耐用年数6年の場合は、償却率は0・167となります。

なので、算出式は次のようになります。

180万円×0・167＝30万600円

そして仕事とプライベート半々で車を使っているので、経費も半分だけ計上できるということになります。なので、この車の場合、30万600円の半分で15万300円が一年間の減価償却費ということになります。

この15万300円を、6年間にわたって減価償却費として計上していくことになるのです。ただ、車を新たに買った年は、使った期間で按分しなくてはなりませんので、7月に買ったとすれば、半年分の減価償却となり7万5150円が減価償却費となります。

★定率法の仕組み

次に定率法の説明をします。

定率法は毎年、車の残存価額に同じ率をかけて減価償却費を計上していきます。

計算式にすれば次の通りです。

残存価額 × 減価償却率 × 使用した月数／12 ＝ その年の減価償却費

定額法と違うところは、定額法はその資産の「購入金額」に償却率をかけますが、定率法はその資産の「残存価額」に償却率をかけるということです。残存価額というのは、その資産から減価償却されてきた金額を差し引いた価額のことです。残存価額は年を経るごとに、減っていきます。つまり、定率法は、年を経るごとに償却費が減っていくのです。

一方、定額法は、毎年同じ償却費になります。

先ほどの180万円の車を例に取って、説明しましょう。

180万円の車の耐用年数は6年ですので、定率法での償却率は0・333になります。なので、最初の年は180万円×0・333で、59万9400円が減価償却費として計上できます。

そして仕事とプライベート半々で車を使っているので、経費も半分だけ計上しますので、59万9400円の半分で29万9700円が一年間の減価償却費ということになります。

車を新たに買った年には、使った期間で按分しなくてはなりませんので、7月に買った場合、半年分の減価償却となり14万9850円がこの年の減価償却費となります。

そして、この車の取得価額180万円から半年分の減価償却費14万9850円を差し引きます。その残額165万150円が、次の年の残存価額ということになります。

次の年は、この残存価額165万150円を基準にして、減価償却率をかけ、仕事分の按分をして減価償却費を計算します。それを毎年繰り返すのです。

ですが、定率法の場合、残存価額に償却率をかけて算出するものなので、いつまで経ってもゼロにはなりません。

そのため、そして、定率法には保証率というのがあって、償却保証額を下回った場合は、改定償却率（0・334）を使って償却できることになっています。

耐用年数6年の場合の保証率は、0・09911となっていますので、180万円×0・09911で、残額が17万8398円を下回った場合は、その年から改定償却率を使って均等償却することになっています。この辺のことは、若干難しいので不明な場合は税務署に問い合わせてください。

なぜ金持ちフリーランスは4年落ちの高級外車を買うのか

前項では減価償却の方法を紹介しましたが、フリーランスにとってもっとも減価償却に接する事例というのは、クルマといえます。

クルマは、ほとんどの場合、普通に走れるものであれば10万円以上するので、減価償却をしなくてはなりません（格安中古車を除いて）。

車の減価償却にはちょっとした裏ワザがあります。

というのも、中古車を購入すれば、非常に効果的な節税になるのです。

中古資産の耐用年数というのは、次のようになります

（法定耐用年数 − 経過年数）＋（経過年数 × ０・２）

＊1年未満の端数は切り捨て、２年に満たないときは2年

となると、４年経過した中古車の場合、法定耐用年数は6年で経過年数が４年なので、

（法定耐用年数6年 − 経過年数４年）＋（経過期間４年×０・２）＝耐用年数2年（端数は切り捨て）

となります。

つまり、4年経過の中古車の耐用年数は2年ということになります。中古資産の耐用年数は最短で2年ですので、これ以上経過していたとしても、耐用年数はこれ以上短くなりません。ということは、4年経過以上の中古車の耐用年数も2年となるわけです。

耐用年数が2年ということは定額法でやったとしても1年間に購入費の半分を減価償却費に計上できるわけです。また定率法では、耐用年数2年の場合は償却率が1・00です。つまり購入費の100％が減価償却できることになるのです。

たとえば4年落ちの200万円の外車を買った場合、定率法を取っていれば償却率は1・00なので、計算式は次の通りになります。

200万円×1・00＝200万円

もし7月に買ったとしても、半分の100万円を減価償却費として計上することができるのです。その年に大きく売上を挙げて一挙にたくさんの経費を計上したい、というときには、4年落ちの外車などはうってつけのアイテムといえます。

よく大儲けしたフリーランスが中古のベンツに乗るのもこの仕組みです。

「起業前から所有していた資産」を事業資産に組み入れる

これまでクルマを買えば節税になるということを紹介してきましたが、すでに持っているという人も多いでしょう。

そういう「起業前から所有していた固定資産」を事業用の資産に組み入れることもできます。そうすれば、事業の固定資産になりますので、減価償却費を計上することができるのです。

組み入れる方法は、ちょっと複雑な計算となります。

まず起業した時点で所有している固定資産（車、家など）の資産額を算出します。

この算出方法は、その固定資産の本来の耐用年数を1・5倍にし、その耐用年数をもとにして、起業した時点までの経過年数に応じて旧定額法を用いて減価償却を行います。その残額が、起業した時点での固定資産の額ということになります。

2年5か月前に200万円で購入した自動車を例に取って説明します。

ちょっと面倒ですが、辛抱強く読んでください。

自動車の本来の耐用年数は6年なので、これを1・5倍にすると9年になります。旧定額法は、取得価格の90％に、減価償却率をかけて算出します。耐用年数9年の旧定額法での減価償却率は0・111です。

この車は2年5か月使用していますが、6か月に満たない部分は切り捨てます（6か月以上の場合は切り上げになります）。なので、この車は6か月部分を切り捨てて「2年」使用していることになります。

この車の1年分の減価償却費は以下のようになります。

200万円×90％×旧定額法の償却率0・111＝19万9800円
この19万9800円を2年分ですので、×2をして39万9600円となります。これが起業前の時点での減価償却費です。

200万円－減価償却費39万9600円＝残存価額160万400円

この残存価額160万400円が起業した時点でのこの車の取得価額（未償却残高）ということになります。そして、この160万400円を固定資産の金額として、減価償却をしていけばいいのです。

持ち家も減価償却で経費算入できる

次に、起業前から所有していたマンションを、事業事務所として事業資産に組み入れる場合の計算方法を紹介します。

基本的には、前項のクルマの場合と同様ですが、マンションや家などの不動産の場合、減価償却できるのは建物部分だけです。土地の部分は、減価償却できません。

たとえば、4000万円で購入したマンションを事業資産に組み入れる場合。4000万円のうち、土地代が1000万円、建物代が3000万円とします。このマンションを新築で購入し、20年が経過していた時点で事業を始めて事務所で使用するようになったとします。

マンションの耐用年数は47年ですので、これを1・5倍にすると、70・5年になります。1年未満は切り捨てになるので、耐用年数70年として、経過した20年分の減価償却費を算出します。建物の減価償却は定額法なので耐用年数70年では償却率は0・015です。

3000万円×0・015＝45万円←これが1年分の減価償却費
45万円×20年＝900万円←これがこれまでの減価償却の累計額
3000万円－900万円＝2100万円←これが取得価額（未償却残高）となります。

この2100万円を取得価額として、後は普通にマンション耐用年数47年で減価償却費を算出すればいいのです。

またマンションではなく木造一戸建てだった場合。これも仮に4000万円で購入、土地代1000万円、建物3000万円ということにします。

これも右記と同様の計算となりますが、耐用年数が木造住宅の場合は22年です。なので、最初の取得価額を算出する計算では22年の1・5倍の33年が事業前の耐用年数となります。耐用年数33年の場合、償却率は0・031となります。

3000万円×0・031＝93万円→これが1年分の減価償却費
93万円×20年＝1860万円→これがこれまでの減価償却の累計額
3000万円－1860万円＝1140万円→これが取得価額（未償却残高）となります。

この1140万円を取得価額として、後は普通に木造住宅の耐用年数22年で減価償却費を算出すればいいのです。

ただし、マンションや家屋などの場合、事業部分と自宅部分があれば、事業部分だけを按分し、上記で算出した減価償却費に按分率をかけたものが、経費計上できる減価償却費となります。もちろん、固定資産税も按分して経費算入することができます。

収入の波が大きい業種に適用される「変動所得の特例」を知ろう

フリーランスの中には、浮き沈みが非常に激しい職業もあります。たとえば作曲家や小説家、フリー編集者、ライターなどです。

こういう人たちは、売れっ子のときは非常に大きな収入を得ることができますが、そうでないときは非常に低い収入となります。急に売れたら莫大な税金がかかるけれども、将来の保証がないので、不公平感があります。

その不公平感を解消するために、収入の変動の大きい業種の人には、特別な税金の計算方法があるのです。

それが「変動所得の計算」です。

変動所得の対象となるのは、原稿料、作曲の報酬、著作権による所得、漁獲、のり採取、養殖（はまち、まだい、ひらめ、かき、うなぎ、ほたて貝、または真珠）による所得です。

この「変動所得」は簡単にいえば、急に所得が増えた場合は、過去2年間の平均所得をベースにして、その平均を上回って増えた所得は、5年で振り分けたことにして税率を決めましょうというものです。

少しややこしいので、具体的な例を挙げましょう。

過去2年間は、平均150万円の所得しかなかったライターが、今年は急に売れて600万円の所得があったとします。

つまり例年の4倍も所得が増額したわけです。

増額分450万円を過去5年に振り分けると、1年あたり90万円の所得増になります。

つまり税務計算上、この人の5年の平均所得は240万円ということになるのです。

所得が240万円では、所得税率は10％（87ページ図表①参照）です。

そのため、今年の所得税は、この10％の税率でいいというものです。

その結果、600万円の所得に10％の税率をかけ、9万7500円の控除をした金額50万2500円が、この人の所得税になるのです。

所得税は累進《るいしん》課税になっているので、通常は600万円の所得があれば約80万円の所得税がかかります。しかし、この変動所得の計算を利用すれば、30万円も所得税が安くなるというわけです。

図表① 所得税の速算表

課税される所得金額	税率	控除額
195万円未満	5%	0円
195万円から 330万円未満	10%	9万7500円
330万円から 695万円未満	20%	42万7500円
695万円から 900万円未満	23%	63万6000円
900万円から 1800万円未満	33%	153万6000円
1800万円から 4000万円未満	40%	279万6000円
4000万円以上	45%	479万6000円

出典:国税庁ホームページより

この「変動所得の特例」は、所得の増加が大きい人ほど、そのメリットは大きくなります。

筆者はライターという仕事をしています。ライターというのは、出した本で大ヒットを出すなど売れ出すと突然、莫大なお金が入ってくることもあります。ライターの中には、税金に頭を悩ませている人も多いようです。

だから印税で収入を得ている人は、要チェックの節税方法です。

またこの方法は、その年が終了した後、3月15日までの申告書の作成過程で行える節税方法です。

つまり、ライターなどの人が、今年だけ急に売れて節税策を何もしてなかった、どうしよう、という場合でも、この変動所得の特例を使えば、税金が安くなるというわけです。

年度が終了した後、可能な節税策というのはあまりないので、非常に特殊な、使い勝手のある節税策といえます。

事業税は職種によって異なる

フリーランスの所得には、所得税のほか、事業税が課せられます。

事業税というのは、一定以上の規模で事業を行っているフリーランスに課せられる税金です。この事業税はフリーランスだけが対象であり、法人（会社）で事業を行っている場合は、法人事業税が課せられます（163ページ参照）。

法人事業税が法人税とほぼ連動しているのに対し、個人の事業税は個人の所得税とは若干、違う仕組みがあります。

まず事業税は、90ページの図表②にある70の業種にしか課せられません。この表の中にない業種、たとえば執筆業などは課税の対象外ということになります。

また事業主控除というのが年290万円あります。だから、売上から経費を差し引いた事業所得が、最低でも290万円以上にならないと課税されません。

事業主控除以外にも所得控除はありますので、おおむね事業所得が400万円以上ないと課せられないのです。事業所得が400万円というと、売上の規模としては平均で10

図表② 事業税がかかる70業種

第1種事業（37業種） 税率5％	物品販売業、運送取扱業、料理店業、遊覧所業、保険業、船舶定係場業、飲食店業、商品取引業、金銭貸付業、倉庫業、周旋業、不動産売買業、物品貸付業、駐車場業、代理業、広告業、不動産貸付業、請負業、仲立業、興信所業、製造業、印刷業、問屋業、案内業、電気供給業、出版業、両替業、冠婚葬祭業、土石採取業、写真業、公衆浴場業（むし風呂等）、電気通信事業、席貸業、演劇興行業、運送業、旅館業、遊技場業
第2種事業（3業種） 税率4％	畜産業、水産業、薪炭製造業
第3種事業（30業種） 税率5％	医業、公証人業、設計監督者業、公衆浴場業（銭湯）、歯科医業、弁理士業、不動産鑑定業、歯科衛生士業、薬剤師業、税理士業、デザイン業、歯科技工士業、獣医業、公認会計士業、諸芸師匠業、測量士業、弁護士業、計理士業、理容業、土地家屋調査士業、司法書士業、社会保険労務士業、美容業、海事代理士業、行政書士業、コンサルタント業、クリーニング業、印刷製版業 ※あんま・マッサージ又は指圧・はり・きゅう・柔道整復 その他の医業に類する事業、装蹄師業については3％

出典：東京都主税局ホームページより

00万円以上ということになります。つまりは、おおむね1000万円以上の売上がある事業者でないと、この事業税は課せられないということになります。

この事業税の大きな特徴は、所得税とは別に申告が必要だということです。

住民税の場合、所得税と連動していますので、住民税の申告をしなくても所得税の申告をしていれば自動的に課されます（所得税とは別に住民税の申告をすることもできます）。

しかし事業税の場合は、所得税の申告をしていればOKということにはならなく、所得税の確定申告書の「事業税」の欄に必要事項を書くなど、別個に申告をしなければなりません。

税率は、業種によって3％、4％、5％の三段階になっています。

事業税の算出方法

（売上 － 経費 － 各種所得控除）× 税率

事業税は業種の選択によって課税されるかどうかが決まる

事業税が課せられる業種というのは、あいまいな点があります。

たとえば、出版業は課税されることになっていますが、編集業は課税対象業種にはなっていません。またイラストレーターなどは、デザイン業であれば課税になりますが、画家であれば課税対象業種にはなりません。イラストレーターがデザイン業に該当するのか、画家に該当するのか今のところ明確な線引きはありません。

確定申告書などで事業内容を書く欄に、事業税に該当する70業種以外の業種を記載していれば課税されない可能性が高いのです。

ただこれは厳密な線引きがされていないだけであって、70業種の中に入っていないからといって、必ず課税されないというわけではありません。また申告書には違う業種を書いていても実態を調べられて課税業種に認定されるという可能性もあります。

第3章
知らないと損する社会保険

フリーランスになると社会保険料は倍増

起業すると、税金とともに大きく変わるものが社会保険です。

そして、社会保険も税金と同様に、フリーランス（個人事業）でやるのと会社をつくるのとでは大きく違ってきます。

本章ではフリーランスとして起業した場合の社会保険についてお話ししたいと思います。会社を辞めて起業すれば、「健康保険」に自分で加入しなければなりません。

ご存じの通り、健康保険というのは、病院にかかったときなどに医療費の7割を出してもらう制度です。また入院などで医療費が高くなったときには、さらに還付制度などもあります。収入に応じて毎月の医療費の自己負担限度額というのが定められていて、その自己負担限度額を超えた医療費は戻ってきます。

この健康保険には、大きく二つの種類があります。「健康保険」と「国民健康保険」です。

サラリーマンの場合は「健康保険」です。

サラリーマンの「健康保険」の保険料は都道府県によって若干違いますが、現在はだいいたい給料の10％前後です。この保険料を会社と従業員が折半で払うということになっています。だから自分が払う保険料は、５％程度です。そして40歳以上になると、これにプラスして1・64％（自己負担0・82％）程度の介護保険料が課せられます。

サラリーマンではなく、フリーランスになると原則「国民健康保険」となります。

この国民健康保険は、サラリーマンの健康保険に比べればだいたい高額になります（地域や年収によってかなりばらつきがありますが）。

この国民健康保険は、ほかの健康保険に入っていない国民には加入の義務があるのですが、ややこしいことに強制加入させられたり、強制徴収したりはされません。

サラリーマンの場合は、会社から自動的に加入させられていますが、サラリーマンを辞めた場合は、自分で加入手続きを取らなくてはならないのです。会社を辞めたからといって、市区町村の役所から「あなたは国民健康保険に入らなくてはなりません」などという通知が来るわけではありません。

またサラリーマンを退職して起業した場合、原則として国民健康保険に入らなければなりませんが、会社での健康保険を任意継続する方法や、家族の健康保険に入るという方法もあるのです。

それらの方法を順に説明していきたいと思います。

任意継続を利用しよう

会社で入っていた健康保険には、会社を辞めた後も「任意継続」という制度があります。任意継続とは、退職する前の2か月以上健康保険に入っていた人が、退職後もその健康保険に2年間は継続して加入できる制度です。

起業者はこれを利用した方が得になることが多いです。

保険料は、本人がサラリーマンのときに払っていた保険料か、加入者全体の平均保険料を比べて、どちらか低い方の保険料となります。

ただし、サラリーマン時代の保険料は、会社と折半になっていましたが、任意継続の場合は会社が支払っていた分も払うことになります。ですが、その分を考慮しても、国民健康保険に新たに加入するよりは、安くなることが多いのです。扶養家族がいる場合はなおさらです。国民健康保険には扶養という概念がなく、それぞれが加入の必要があるからです。

国民健康保険は市区町村によって保険料の額に違いがありますが、ほとんどの市区町村の保険料よりも、会社の健康保険を任意継続した方がかなり安くなります。

国民健康保険の保険料は、前年の収入をもとに算出されますので、サラリーマン時代の給料を基準に決められます。だから起業して年収が下がっても、前年のサラリーマン時代の給料に合わせた保険料が設定されているのです。収入が激減した場合は、減免の申請をすることもできますが、これは確実に減免してくれるというものではありません（詳しくは101ページ参照）。

なので、普通に考えて、会社の健康保険を任意継続していた方が無難です。

ただ地域によっては国民健康保険の方が有利になるケースもありますので、国民健康保険の保険料と、会社の健康保険を任意継続した場合の保険料をシミュレーションし、どちらが得になるのかをしっかり把握しておきましょう。

任意継続の手続き先は、自分の住んでいる地域の健康保険の支部になります。もし不明な場合は、会社に問い合わせてみましょう。喪失日（退職した日）から20日以内に申し込まないとなりません。

申し込み書は健康保険のサイトからダウンロードできます。必要書類は、扶養家族の有無などによって違いますので、健康保険の支部に問い合わせてください。

手続きをした後、新しい保険証と納付書が送られてきます。保険料の納付は必ず期限内に行ってください。保険料の納付が1日でも遅れると、強制的に資格が喪失してしまいます（正当な理由がない限り）。

任意継続の手続きをした場合、これまでは2年間は自分の都合で辞めることはできませんでしたが、2022年1月からは脱退が自由になりました。つまり、再就職してその会社の健康保険に入ったり、国民健康保険に入り直すこともできるようになりました。

国民健康保険料は住む場所でまったく違う

前に述べましたようにサラリーマンなどは、職場で自動的に健康保険に加入させられますが、個人事業者の場合は自分で国民健康保険に必ず入らなくてはなりません。

この国民健康保険に加入する際には、気をつけなくてはならないことがあります。

図表③　国民健康保険料の計算例（年額）

東京都新宿区の国民健康保険料の計算式（令和4年度）	
均等割	5万5300円×世帯人数
均等割介護分	1万6600円×世帯人数（40歳～64歳）
所得割	世帯の所得×9.44%
所得割介護分	世帯のうち40歳～64歳の人の所得×2.04%

熊本県熊本市の国民健康保険料の計算式（令和4年度）	
均等割	4万4700円×世帯人数
均等割介護分	1万5400円×世帯人数（40歳～64歳）
平等割	一世帯あたり 3万2600円
所得割	世帯の所得×10.61%
所得割介護分	世帯のうち40歳～64歳の人の所得×2.04%

所得100万円（だいたい年収200万円）の
一人暮らしの人の国民健康保険料（介護分を除く）

●東京都新宿区で暮らした場合

均等割	5万5300円
所得割	年間の所得100万円×9.44%＝9万4400円
合計	14万9700円

●熊本県熊本市で暮らした場合

均等割	4万4700円
平等割	3万2600円
所得割	年間の所得100万円×10.61%＝10万6100円
合計	18万3400円

出典：新宿区、熊本市のホームページの計算式で著者算出。

世間にはあまり知られていませんが、国民健康保険料は、住む場所によってまったく違うのです。

サラリーマンが入っている健康保険であれば、どこに住んでいても徴収率はそれほど変わりません。しかし、国民健康保険料は自治体（たとえば東京23区、市町村）によって全然違います。それは、毎月数百円の差などという生易しいものではありません。下手をすれば、毎月数万円単位で差が出てくるのです。

国民健康保険というのは、自分が住んでいる自治体で加入しなければなりません。だから、起業する際には、住む場所もよくよく気をつけなくてはなりません。

国民健康保険料の計算は、だいたい次のような算式になります。

所得割 ＋ 資産割 ＋ 均等割 ＋ 世帯割 ＝ 国民健康保険料

所得割というのは所得に応じて課せられるものです。資産割というのは固定資産税を払っている人が固定資産税の税額に応じて支払うものです。均等割というのは加入者一人あたりが定額を支払うものです。世帯割というのは一世帯あたり幾らというふうに支払うものです。これらを合計したものを払うことになります。

この所得割、資産割、均等割、世帯割の計算式が、自治体によってまったく異なるわけです。

だから、自治体によって保険料の額はまったく違ってくるのです。また単身者が有利になる自治体もあれば、大人数の世帯が有利になる自治体もあります。

国民健康保険に加入する人は、ぜひこのことも念頭に置いておきたいものです。

もちろん国民健康保険料のためだけに、引っ越したりすると、逆に不経済になったりしますが、起業後の住む場所をまだ決めていない人や、引っ越しにそれほどお金がかからないような人は、検討してほしいものです。

忘れてはいけない国民健康保険の減免制度

これもあまり知られていませんが国民健康保険には、減免制度というものがあります。

これは収入が急に下がった人などに対して、保険料を減免するというものです。

起業したばかりのときなどは、収入が非常に不安定なものです。前の年はけっこうよかったのに翌年は急に下がることもよくあります。しかし、国民健康保険料は前年の収入を基準に算定されるので、高額の国民健康保険料を課せられることもあります。

そういう場合は、ぜひ国民健康保険料の減免制度を利用しましょう。

減免制度を受けるには自治体によって手続きは違いますが、どこもそれほど難しいものではありません。

特にフリーランスの場合は、収入が減るであろうことは、役所の方も十分にわかっているので、比較的簡単に減免してくれます。

筆者も、ライターを始めたばかりの頃は、この減免制度を利用していました。役所の窓口でも、簡単に減免してくれました。「収入はどのくらいになるか書いてください」といわれて、だいたいの額を紙に書き込めばそれで終了。月1万円くらいで済んでいたこともあります。

役所としても、高い国民健康保険料を課して未納されるよりは、割り引きしても確実に納付してもらった方がいいわけです。

国民健康保険料は、サラリーマンの健康保険料に比べれば低所得者に対して割高です。しかし、それを補うために、こういう制度があるわけです。健康保険では減免制度などはありませんから、フリーランスだけの特権ともいえます。起業したばかりのときは、この制度を利用しない手はないといえます。

国民健康保険未加入の罠《わな》

自営業やフリーターなどで国民健康保険に入る義務があったのに加入していなかった人には、実はとんでもない罠が潜んでいます。

というのも、「そろそろ加入しないとやばい」と思って加入の手続きを取ろうとしたら、とんでもない額の保険料を請求されることになるからです。

国民健康保険というのは、加入手続きをした日から保険料が発生するわけではありません。国民健康保険に加入する資格（義務）が生じた日から保険料が発生するのです。

たとえば18歳になって上京し、ある程度の収入も生じて親の健康保険からはずれた人は、はずれた時点で国民健康保険料の支払い義務が発生する決まりです。

もし、親の健康保険からはずれて1年後に国民健康保険に加入しようとした場合、1年のブランクの分の保険料もさかのぼって払わなければなりません。しかも、そのブランクの期間に支払った医療費は全額が自己負担です。戻ってはきません。

ブランクの期間が長ければ長いほど、さかのぼって払う保険料は多くなります。自治体によっては、さかのぼって支払う保険料の限度額が定められていますが、それでも2年～3年分は支払わなければなりません。

だから国民健康保険は、ブランクの期間（未加入の期間）をつくれば大損することになるのです。筆者の知人のライターにも、国民健康保険に未加入のまま時間がたってしまい、新たに加入しようとすると多額の保険料を払わなくてはならないので、加入できないという人がいます。もちろん大病や大けがをしたら、大変なことになってしまいます。

国民健康保険の対象の人はぜひこのことを忘れないでおいてください。

国民健康保険料のさかのぼり支払いを逃れる方法

前項では、国民健康保険料は未加入の時期があれば、その分もさかのぼって払わなければならないということを説明しましたが、この「さかのぼり支払い」を免れる方法もあります。

まず市区町村によっては、「正当な理由があれば支払いを免除する」ということがあります。だから市区町村にかけあってみてください。

そして、もし市区町村が絶対に保険料の支払いを要求するようであれば、あえて加入をせずに別の市区町村に転居するという方法もあります。もちろんその間は無保険で医療費は全額自己負担になります。

国民健康保険は住んでいる市区町村で加入することになっており、市区町村ごとに違うシステムになっています。だから転居をして別の市区町村に転入した場合、転居先の市区町村では、転居した時点で国民健康保険料の支払い開始ということになります。転居先の市区町村が転居する前の国民健康保険料の徴収をすることはないのです。

だから、さかのぼりの国民健康保険料が多額になってどうしても国民健康保険に加入できないというような場合は、転居するという手もあります。転居するといっても、同じ市区町村内では意味がありません。市区町村をまたがないと、さかのぼりの国民健康保険料はチャラにはなりません。

可能なら妻や親、子どもの健康保険に入ろう

起業した場合の健康保険には、「任意継続」「国民健康保険」に入ることのほかに、もう一つの方法があります。

それは家族の健康保険に入れてもらう、という方法です。

起業した後は、しばらく収入も低いことも多いです。場合によっては、収入は雇用保険だけという人もいるでしょう。

そういう人で、もし配偶者が就職しているならば、配偶者の扶養に入れてもらい、社会保険も配偶者のものに入るという方法もあります。そうすればあなたの社会保険料は無料になります。

サラリーマンが加入している健康保険というのは、扶養家族が何人いても保険料は同額です。そして配偶者も扶養家族になることができます。これは妻だけでなく、夫でも可能なのです。だから妻が会社員をしていて健康保険に加入していれば、あなたも妻の社会保

険に入れてもらうことができるのです。

あなたが配偶者の社会保険に入るための条件は、一つだけです。それは収入が年間130万円未満であること、です。これを超えれば配偶者の健康保険に入ることはできません。

またこれは配偶者に限らず、親や子どもなどの扶養に入るということもできます。

親がまだ会社で働いていて健康保険に入っており、親と生計を一《いっ》にしていれば親の健康保険に入れてもらうことができます。同様に子どもがすでに就職していて、子どもと生計を一にしていれば、あなたは子どもの扶養に入ることができるわけです。

これは同居の必要はありません。同居をしていなくても生計を一にしていれば、可能です。健康保険の扶養に入れる親族の範囲は、三親等以内の親族か、配偶者です。

また配偶者や親の社会保険に入るだけではなく、税法上の扶養家族になることもできます。これはあなたには何の恩恵もありませんが、配偶者や親などの税金が安くなります。平均的なサラリーマンの人で、扶養家族を一人増やせばだいたい年6万〜10万円程度の節税になります。

税法上の扶養家族になる条件は、あなたの年間所得が48万円以下、または給与のみなら年収１０３万円以下であることです。

起業後の公的年金

起業して会社を辞めると、公的年金も大きく変わります。

会社で入っていた厚生年金、企業年金などはやめることになり、自分で新たに公的年金に入らなくてはなりません。

実は自営業者の公的年金の制度は、よくいえば非常に多彩であり、悪くいえば非常にわかりにくいものです。

公的年金の中でもっとも基本となるのが老齢基礎年金です。

この「老齢基礎年金」部分というのは、厚生年金や国民年金に最低10年間加入していればもらえるようになっており、40年間加入していれば満額もらえるということになっています（２０２２年時点では40年以上は加入できません）。

満額の金額は、マクロ経済スライド方式になっており、令和４（２０２２）年４月から年77万７７９２円と前年比で０・４％減となりました。そして加入期間が40年に満たなければ、足りない期間分だけ年金支給額が減るのです。

サラリーマン生活の途中で退職して起業する人は、国民年金に加入する義務があります。自営業者の公的年金は、加入の義務があるのは「国民年金」だけですが、国民年金は満額掛けても、受給できる額は年間80万円にも及びません。サラリーマンの厚生年金と比べるとかなり貧弱です。

サラリーマン生活が長い人は、それなりに年金受給額は大きくなっていますが、サラリーマン生活があまり長くない人は、国民年金だけでは老後の資金は不足することになります。

そこでフリーランスが加入できる公的年金「国民年金基金」と「個人型確定拠出年金」を考えたいものです。また公的年金に準ずる制度として「小規模企業共済」というものもあります。

「国民年金基金」は終身年金にもなりうる

国民年金を掛けているフリーランスなどが、さらに年金を積み増す方法としてまず「国民年金基金」というものがあります。

国民年金基金というのは、国民年金に上乗せして年金を掛けたいという人のための制度です。自営業やフリーランス、それぞれの配偶者などが対象です。

自営業で年金を掛け増ししたいという人は、まずはこの国民年金基金を基準に検討した方がいいでしょう。

国民年金基金というのは、ざっくりいえば、自分で掛け金を決められる公的年金です。国民年金基金は上限の月6万8000円まで自由に掛け金を決められます。自分の収入に合わせて金額を決めて払うことができることがメリットです。

そして国民年金基金は、国民年金と同様に65歳以降、一定の金額を死ぬまでもらえるようになっています。この「死ぬまでもらえる」というのは大きなポイントだといえます。死ぬまでの計算が立つというのは、老後の資金計画にとって非常に有利になるからです。

国民年金基金にはA型とB型があります。

A型は15年保障付きの終身年金です。B型は保障期間なしの終身年金です。

国民年金基金は、年金として非常に有利なものです。

月額3万円の終身年金をもらうためには、40歳加入で、月額1万7145円を払えばいいのです（A型の場合）。これを三口分くらい入っていれば、国民年金と合わせれば、老後の生活資金の最低限度は確保できるといえます。このA型は15年支払い保障なので、もし早く死んでも遺族が受給できます。

自分で民間の金融機関などに老後の資金を貯めるよりは、圧倒的に有利だといえるのです。国民年金基金は、他の社会保険同様、支払い額が全額所得から控除できます。そして、国民年金基金にはもう一つ大きなメリットがあります。

それは、翌年3月分までの前納ができるということです。4月から翌年3月までの1年分を前納すると0・1か月分の掛け金が割り引きされます。

そして前納した場合、払った年の保険料として所得控除ができます。だから、もし「今年は儲かって税金が多いなあ」というときには、国民年金基金の掛け金を引き上げて3月分まで前納すれば、合法的に利益を圧縮することができるのです。

ただし、国民年金基金にもデメリットはあります。それは利率が決まっており、将来、物価が上がったとしても国民年金のようなマクロ経済スライドがないということです。現在の国民年金基金の利率は1・5％であり、加入したときの利率が生涯続きます。だから、急激なインフレが起きたときなどには対応できず、まったく価値が下がってしまうこともあるということです。

国民年金基金に加入できるのは、自営業やフリーランスの人とその配偶者で、20歳以上60歳未満の人が加入することができます。国民年金の加入期間が40年に満たないなどで60歳以降も国民年金に任意加入している人は65歳未満まで加入が可能です。

ただし国民年金をきちんと支払っている人しか入れません。

納付は口座振替により行われます。

掛け金額は変更（増口、減口）することができます。増口は月ごとに何回でも可能です（減口は条件があります）。だから、もし収入が上下すればそれに合わせて掛け金も変更することができます。

国民年金基金の加入条件等は左記の通りです。

★満20歳以上60歳未満

※ただし、国民年金の加入期間が40年に満たないなどで60歳以降も国民年金に任意加入している人は65歳未満まで加入が可能

★国民年金保険料を納付している（障害基礎年金受給者を除き、全額免除・半額免除等を受けていないこと）

★農業者年金基金に加入していない

★拠出限度額（掛け金の上限）

年81万6000円（月6万8000円）－個人型確定拠出年金等への年間拠出額

※拠出額は、変更可能

（例）個人型確定拠出年金に年36万円（月3万円）拠出している場合→国民年金基金への拠出限度額は年45万6000円（月3万8000円）

フリーランスの個人型確定拠出年金

次に個人型確定拠出年金についてお話しします。

確定拠出年金というのは、現行の年金だけでは老後の資金が不足する人のためにつくら

れたもので、60歳以降に受け取ることができ、iDeco《イデコ》の愛称があります。かなり宣伝されているので、ご存じの人も多いと思います。現在はほとんどの人が加入できますが、もともとは企業年金を持たない中小企業の社員や自営業者のためにつくられた制度です。

確定拠出年金は、一応、公的年金の形を取っていますが、掛け金は上限の範囲内で自分で自由に決めることができますし、年金の運用は原則として自分で行うことになっています。自分自身で銀行や証券会社などの管理会社が用意している金融商品で運用するという仕組みになっています（ネット証券などで口座を開設すれば、手数料など大幅にカットできる商品もあります）。

運用に成功すればその分、もらえる年金額は大きく増えることになります。もちろんその逆もあります。また元本保証という商品もあるので、資金運用などが苦手な人でも加入することができます。

また、この確定拠出年金は、ほかの公的年金と同様に掛け金の全額を所得控除することができるので、所得税、住民税が大幅に安くなるというメリットがあります。

確定拠出年金には掛け金の上限額が決められており、一番大きな枠を与えられているのは、自営業者です。自営業者は、限度額が月6万8000円であり最高額となっています。この最高額は、先に紹介した「国民年金基金」との合計額となっています。だから、すでに国民年金基金に入っている人は、確定拠出年金との額を調整しなければなりません。

ただし確定拠出年金は、手数料が高いという大きなデメリットがあります。初回にかかる加入手数料は、ほとんどの金融機関が2829円です。さらにプラスアルファを取る金融機関もあります。

また毎月の掛け金から差し引かれる口座管理手数料等は、安いものは171円（年2052円）で、これもプラスアルファを取る金融機関もあります。だいたい、年5000〜6000円が平均といえます。つまり、年間で最低でも2052円以上、平均すれば5000〜6000円も手数料を取られるのです。

満額の月6万8000円を掛けたとして、年間5000円の手数料を取られる場合、年間の掛け金の0・6％程度が手数料として取られることになります。

また確定拠出年金には、国民年金基金のような前納制度はありません。必然的に前納割り引きもありませんし、「所得控除の額を前納で増やす」ということもできません。

確定拠出年金の加入条件等は以下の通りです。

★満20歳以上65歳未満

★国民年金保険料を納付しているなど（障害基礎年金受給者を除き、全額免除・半額免除等を受けていないこと）

★農業者年金基金に加入していない

★拠出限度額（掛け金の上限）

年81万6000円（月6万8000円）－国民年金基金等への年間拠出額

※毎月の拠出額は、5000円以上1000円単位で指定が可能

※国民年金の付加年金に加入している人の年間拠出限度額は、年80万4000円（月6万7000円）。

（例）国民年金基金に年36万円（月3万円）拠出している場合→個人型確定拠出年金への拠出限度額は年45万6000円（月3万8000円）

小規模企業共済で退職金をつくる

最後に「小規模企業共済」を紹介しましょう。

この「小規模企業共済」というのは、独立行政法人「中小企業基盤整備機構」が行っている事業です。本来は年金ではなく、自営業者の退職金代わりにつくられた制度です。自営業者が、毎月お金を積み立てて、引退したときに退職金代わりに受給するということになっています。加入年齢の上限はありません。

もちろん、年金のような受け取り方もできますし、「国民年金基金」「個人型確定拠出年金」と同様に掛け金を所得から全額控除できます。つまり節税をしながら老後の資金を蓄えることができる、「準年金」のような制度なのです。

また小規模企業共済も、国民年金基金と同様に前納することができる上に、1年以内分の前納額は全額が支払った年の所得控除とすることができます。

月に1000円から7万円まで掛けることができるので、年末に月々7万円の掛け金で加入し、1年分前納すれば、84万円もの所得を年末に一気に減らすことができるのです。

小規模企業共済で掛けたお金は、引退等でその事業をやめたときに受け取ることができるようになっています。事業を廃止しなくても解約できますが、その場合、給付額は若干少なくなります。

また、事業を法人化したときにも受け取れるので、法人化への資金として貯蓄する場合にも使えます。なので、個人事業の人で将来会社をつくりたいと思っている人は、その資金づくりとしても使えます。

小規模企業共済の掛け金は、独立行政法人「中小企業基盤整備機構」が国内外の証券に投資運用しており、利率は運用実績によって違ってきますが、現在の予定利率は1%です。国民年金基金のように一定の利子を受け取れるわけではありませんが、急激なインフレなどには対応しやすくなっています。

掛け金の7~9割程度を限度にした貸付制度もあるので、運転資金が足りないときには活用できます。共済金を受け取った場合は、税制上、退職所得や公的年金と同じ扱いとなり、ここでも優遇されています。

小規模企業共済の加入資格等は次のようになっています。

★従業員が20人（商業とサービス業では5人）以下の個人事業主と会社の役員

★掛け金

月1000円から7万円までの範囲内（500円単位）で自由に選択。

加入後、掛け金の増額、減額が可能（減額は減額分が運用されないなど、注意が必要です）。また業績が悪くて掛け金を納めることができない場合は、「掛け止め」もできる。

★共済金の受け取り

事業をやめたとき、会社の場合は役員を辞めたとき、など。

国民年金基金、個人型確定拠出年金、小規模企業共済のどれが有利か？

これまで自営業者が年金を積み増す方法として、国民年金基金、個人型確定拠出年金、小規模企業共済を紹介してきました。

この三つには、それぞれ長所と短所があります。またこの三つは同時に加入することも

図表④　国民年金基金、個人型確定拠出年金、小規模企業共済の長所と短所

	国民年金基金	個人型確定拠出年金	小規模企業共済
長所	・終身で年金がもらえる。	・自分で資産運用ができる。	・60歳未満でもお金を引き出すことができる。 ・掛け金を担保に低率で融資を受けられる。 ・国民年金基金、確定拠出年金を満額掛けていても満額掛けることができる。
短所	・自分で資産運用ができない。 ・利率が固定されているのでインフレに対応できない。	・元本割れの危険がある。 ・手数料が年平均5000～6000円と高い。	・自分で資産運用ができない。

著者作成

できます。なので、この三つをうまく組み合わせれば、自分に合った年金がつくれるわけです。

掛け金の上限は、国民年金基金、確定拠出年金がそれぞれ月6万8000円、小規模企業共済が月7万円なので、掛け金の額については、ほとんど差はないといえます。が、国民年金基金と確定拠出年金は二つの合計の上限が月6万8000円になっているので、この二つは月6万8000円の中で調整しなくてはなりません。

一方、小規模企業共済の掛け金は、ほかの二つの上限とは関係しませんので、国民年金基金と確定拠出年金を月6万8000円掛け

た上に、小規模企業共済を月7万円掛けるということもできます。

国民年金基金の長所は、終身タイプの年金に格安で入ることができる、ということでしょう。公的年金の一番の長所は、死ぬまで一定のお金がもらえるということです。

短所は、インフレに対応できない、ということになります。もし将来、インフレが起きたような場合は、せっかく掛けた年金の価値がずいぶん目減りしてしまうことになります。その一方で、現行の1・5％の利率というのは、現在の金融商品としては決して悪いものではありません。

今はマイナス金利時代ですから、定期預金などでもほとんど利率はゼロに近いものがあります。確定拠出年金で元本保証の定期預金に入るよりは、国民年金基金に加入していた方が、よほど利率がいいわけです。

だから、近いうちに年金受給年齢を迎えるような人は国民年金基金に加入した方が無難かもしれません。

確定拠出年金の長所は、「自分で資産運用ができること」だといえます。これはほかの二つにはないものです。ほかの二つは、利率が自動的に決められているので、自分の努力次第で資産を増やすということはできません。最近はパフォーマンスが落ち気味ですが、それでも将来的には期待が持てるとされる米国株（S&P500やVTI）や全世界株式にも投資できます。

ですが、もちろん確定拠出年金は、元本割れの危険も伴います。ほかの二つは元本割れの危険はないので、それが確定拠出年金の短所ともいえます。また手数料が高いのも確定拠出年金の短所だといえます（ネット証券を利用して手数料の低いものを買うことはできます）。

小規模企業共済の長所は、途中解約できるということでしょう。解約する場合は、通常の受給よりも若干、金額が減ります。また掛け金期間が20年未満の場合は元本割れしてしまいます。しかし、国民年金基金や確定拠出年金は、途中解約できないので、これは大きなメリットといえるでしょう。

また廃業した際には、解約しても通常の受給ができます。だから、小規模企業共済は年金としてだけではなく、失業保険の意味合いもあるといえます。

そして小規模企業共済には、掛け金を担保にして、融資を受けられるというメリットもあります。融資にはいくつかの種類がありますが、利率は現在のところ最高でも1・5%です。だから、融資という方法で、掛け金を一時的に引き出すことも可能なのです。

小規模企業共済の短所としては、自分で資産運用ができない、利率が低いということがあります。現時点の予定利率は1%ですが、これは、経済情勢や資産運用次第で変更されます。なので、国民年金基金のように、インフレにまったく対応できないものではありません。

つまり、インフレにある程度、対応もできて、途中で資産を引き出すこともできる、貸付制度もある、となれば、小規模企業共済が一番使い勝手がいいといえるかもしれません。

特に、自分で資産運用するのは苦手、面倒くさいというような人には、確定拠出年金よりも、小規模企業共済の方が合っているかもしれません。

定年退職して起業しても老齢基礎年金を満額もらえない人が多い

定年して起業した人は、国民年金に加入しなくてもいいと思っているかもしれません。

しかし、実は定年退職した人でも満額もらえないという人もけっこういます。

大卒でサラリーマンになり、60歳で定年になったような場合は、加入期間が満期加入の40年に満たないことになります。浪人したり、留年したり、留学したり、早期退職したような場合、40年にはかなり足りなくなります。現在はこちらのような人の方が多いかもしれません。

そういう人たちは、老齢基礎年金分を満額もらうことができません。

このような年金加入期間が足りない人は、60歳以降であっても国民年金に加入することができます。厚生年金の加入期間が40年に満たないサラリーマンならば定年退職した後も65歳になるまでの期間は、年金加入期間が40年に達するまで国民年金に入ることができます。

つまり、新たに国民年金に加入し、毎月の掛け金を支払うのです。もちろん、将来もらえる年金支給額は増額されますし、厚生年金などと合わせて加入期間が40年に達すれば満額もらえることになります。

付加年金に入ろう!

また定年退職後に厚生年金の加入期間が40年に足らずに国民年金に加入するサラリーマンには、ちょっとした恩恵もあるのです。

国民年金には、「付加年金」という制度があります。

付加年金というのは、毎月の保険料に追加して400円の付加保険料を支払えば、年に200円×加入月数の年金額が生涯にわたってもらえるという制度です。

たとえば、付加年金に4年間(48か月)加入した場合、年に9600円もらえるのです。これは一生です。付加年金4年間での掛け金というのは、1万9200円です。だから、たった2年で元が取れる計算になります。

この付加年金にはサラリーマンのときには入ることができませんでしたので、退職後に国民年金に加入する人だけの特権です。

ただし、この付加年金は、国民年金基金に加入している人は入ることができません。また確定拠出年金に入る場合は、確定拠出年金の掛け金の限度額が月あたり1000円減額されます。

収入が多い年には社会保険料をたくさん払おう

公的年金や国民健康保険は支払った全額がその年の所得から控除されるようになっています。

たとえば、その年の年間の社会保険料の額が100万円だった人は、課税所得（税金がかけられる所得）から100万円が控除されるのです。少ない人でも10万円以上の節税になります。

所得から控除できる社会保険料というのは、その年分の社会保険料だけではなく、支払った年に支払った額が控除できるようになっています。つまり過去の分を今年払えば、それを今年の所得から控除できるのです。

同じように将来の社会保険料を先に払ったとしても、払った年に控除できます。社会保険料というのは、前納制度があります。自治体によって異なりますが、おおむね翌年の3か月分くらいまでは前納できるようになっています。

社会保険料は、前納であってもその年に払った分は所得から全額控除されるので、起業する人はこの制度をうまく使いたいものです。

ざっくりいえば、事業がうまくいくなど収入が高いときには、社会保険料をたくさん払うのです。そうすれば、課税所得を低く抑えることができ、節税になります。

またサラリーマン時代に給料が高かった人は辞めた年の収入は多くなり、事業を始めた後は収入が下がる可能性があるので、会社を辞めた年になるべくたくさん社会保険料を払っておいた方がいいかもしれません。

第4章

忌々《いまいま》しい消費税との付き合い方

事業者の大きな負担になる消費税

起業した場合、消費税が経営に大きな影響をもたらします。影響というより負担です。消費税は、物やサービスの価格に上乗せされ、消費者が払うことになっています。ですが、実際に税金を納付するのは事業者です。

この事業者というのは、フリーランスと会社の両方のことです。つまり、消費税はフリーランスにも会社にも同じように課税義務が生じるのです。

そして、消費税は価格に転嫁するという建前になっていますが、実際には必ずしも価格に転嫁できるわけではありません。消費税を価格に転嫁するということは、すなわち商品（サービス）の価格を上げるということです。つまり値上げです。値上げをすれば売れにくくなります。

また企業を相手にビジネスをしている人は、消費税分を徴収するのがけっこう大変です。

たとえば、企業サイトの管理をしている事業者の人がいるとします。企業から「月５万円でやってくれ」といわれたとします。

この5万円には、果たして消費税が含まれているのかどうか。もちろん、普通に考えれば、5万円プラス10％の消費税で請求書を出します。でももしかしたら、企業に「5万円は消費税も入れた金額だ」といわれるかもしれません。そういわれれば、消費税分をもらうのはあきらめるしかありません。

こういう具合に、事業者が消費税を価格に転嫁するということはけっこう大変なのです。しかも、2023年10月からはインボイス制度が導入されますので、起業したばかりの事業者にとっては大きな痛手となります。

前々年の売上が1000万円以下の事業者は消費税が免税になるので、これまではフリーランスは起業した最初の2年間は消費税が免税になっていました。最初の年に売上が1000万円超であれば、3年目からは消費税を払うことになっていました。つまり前々年の売上が1000万円超になれば消費税の納付義務が生じるので、前々年の売上がない起業2年目までのフリーランスには実質的に消費税は課せられていませんでした。また年間の売上が1000万円を超えなければ、そもそも消費税を払う必要がありませんでした。

ところが、インボイス制度の導入により、起業して1年目から消費税を納付しなければならないケースが増えることになります（詳細は143ページから）。

このように起業する人にとって負担の大きい消費税ですが、事業者が消費税を納付する場合、いろいろな方法があります。その方法によって、事業者が納付する金額が大きく違ってきたりするのです。

本章では、事業者が消費税を納付する仕組みや、有利な納付方法などについて紹介していきたいと思います。

消費税の基本的な仕組み

まずは消費税の基本的な仕組みについておさらいします。

消費税というものは、事業者がお客に物を売ったり、サービスを提供したときに、購入者が支払う税金です。ただ、前述しましたように消費税を実際に納付するのは事業者です。

消費税は原則として10％ということになっていますが、食料品などには軽減税率があり、また一部の商品には免税のものもあります。

消費税には次の三つの税率があります。

★消費税8％の取引

・食料品（持ち帰りに限る）

・アルコール以外の飲料品

・定期購読の週二回以上発行される新聞など

★消費税0％（非課税）の取引

・土地

・有価証券など（ただし、古い紙幣などを収集品として売買する場合は消費税がかかります）

・預貯金の利子、保険料等

・郵便切手、印紙

・商品券、プリペイドカード

・国、公的機関等が行う一定の事務の手数料

・外国為替《かわせ》サービス

・社会保険適用の医療費、薬代（ただし、美容整形や差額ベッドの料金、市販薬などには消費税がかかります）
・介護保険サービス、社会福祉事業サービス
・助産
・火葬料や埋葬料
・一定の身体障害者用物品
・学校の授業料等（ただし学校教育法に規定する学校等に限ります）
・教科書
・居住用住宅の賃貸料（ただし1か月未満の賃貸料には消費税がかかります）

★消費税10％の取引
・右記以外

消費税は10％をそのまま納付するわけではない

消費税は、物やサービスを買ったときに消費者が払い、事業者はその消費税をそのまま税務署に納めているような印象があります。でも、実際はそうではありません。消費税は、事業者が「売上のときに預かった消費税」から「仕入れ（経費含む）のときに支払った消費税」を差し引いた残額を納付することになっています。

たとえば、1000円の雑貨を一つ買えば、消費者は100円の消費税を払わなくてはなりません。

しかし雑貨屋さんは、この100円の消費税を、そのまま納めるわけではありません。雑貨屋さんは、雑貨を仕入れるときに、さまざまな経費を支払っており、そのときに消費税を払っています。雑貨の原価や店の水道、光熱費などにも、消費税がかかっています。

消費税というのは「消費者が負担するもの」という建前になっていますので、雑貨屋さんが仕入れや営業経費で「払った消費税」は、納付するときに差し引くことができます。

1000円の雑貨の原価を600円としますと、雑貨屋さんは原価に対して消費税60円を払っています。これを消費者から預かった100円の消費税から差し引きます。その残額40円を、税務署に納付するというわけです。

だから以下のような数式によって事業者が消費税を納付する金額が決まるのです。

お客から預かった消費税 − 事業で支払った消費税 ＝ 事業者が納付する消費税

起業したばかりのときは消費税が還付になることも

前項で紹介した消費税納付額の計算式では、稀《まれ》に赤字になることがあります。

つまり、消費者から預かった消費税よりも、経費支払いのときに支払った消費税の方が多い場合です。

そのときには、その赤字分が還付されることになっています。

預かり消費税よりも、支払い消費税の方が多くなるということは、売上で預かった消費税より経費で支払った消費税の方が高くなることであり、そんなことはありえないだろうと思う人も多いでしょう。

確かに、普通に事業をしていれば売上より経費の方が高くなるなんてことはあまりありません。経費の方が高くなったら商売は終わりになりますから。

しかし、特別な場合にはこういう状況がありうるのです。

たとえば起業したばかりのときです。起業したばかりのときには、事業のために様々な設備を整えることが多くなります。いわゆる初期投資です。

どんな事業でも、最初は事務所の整備、施設の設置、備品の購入などでお金がかかるはずです。その支払いのときには、当然、消費税が支払われています。

先ほどの雑貨屋さんを例に取れば、店舗の内装や棚などを買ったときに消費税がかかっているはずです。そのときの消費税も差し引くことができるわけです。

そして、事業を開始したばかりのときは、売上はあまり挙がらない場合が多いものです。そのため、売上のときに預かった「預かり消費税」よりも、「支払い消費税」の方が大きくなるケースもあるわけです。

そういう場合には、消費税が還付されるのです。

たとえば、ある事業者が初期投資に３００万円かかったとします。それだけで、消費税は30万円も支払っています。９月に開業したので1年目の売上は２００万円しかありませんでした。

だから最初の年は預かり消費税は20万円、支払い消費税は30万円です。

となると、消費税の計算は次のようになります。

預かり消費税20万円 － 支払消費税30万円 ＝ マイナス10万円

つまり10万円の消費税が還付されるわけです。

ただし、消費税の還付を受けるには、「消費税の課税事業者」となっておかなければなりません。消費税には、「課税事業者」と「免税事業者」があります。次項以下でそのお話をしたいと思います。

消費税の免税事業者

消費税には免税という制度があります。

消費税というのは、年間売上が1000万円超の事業者が納付しなくてはならないことになっています。だから売上が1000万円以内の事業者は「免税事業者」というわけです。一方、年間売上が1000万円超の事業者のことは「課税事業者」といいます。消費税が課税される事業者、つまり消費税を納付しなければならない事業者というわけです。

売上が1000万円超かどうかというのは、前々年の売上をもとに判定します。

その年の売上が1000万円超になるかどうかは、決算期が終わるまでわかりません。でも、消費税の納付事業者になるかどうか決算期が終わるまで不明だとなると、非常に不便です。消費税を納付するには、いろいろな経理処理が必要です。だから、課税事業者になるかどうかは、前々年の売上で判断するというわけです。

ただし、特例で免税事業者であっても、その年の上半期の売上が1000万円超だったり、その年の上半期の給料の支払いが1000万円超であるような場合は、翌年から課税事業者になります。上半期というのは、フリーランスの場合は1月から6月までであり、会社の場合は、事業年度の前半6か月のことです。

ところで事業を始めたばかりの事業者は、前々年の売上がありません。そういう場合はどうなるかというと、２年間は消費税が免除されるのです。

つまり起業してから２年以内の事業者は、自動的に免税事業者となり消費税を納めなくていいのです（ただし資本金１０００万円以上の会社ははじめから消費税を払わなくてはなりません）。

ただ前項で述べた「消費税の還付」は、免税事業者は受けることができません。通常であれば事業開始から２年間は自動的に免税事業者になるので、起業したばかりで設備投資などで消費税の支払いが多くても消費税の還付は受けられないのです。

しかし、起業して２年以内の事業者でも、消費税の還付を受ける方法があります。というのも、起業２年以内の事業者でも、自分が希望すれば消費税の課税事業者になる、ということができるのです。その方法は簡単です。事業を始める前に「課税事業者届出書」という紙を税務署に出すだけでいいのです。

ただこの届出書を出してしまえば、消費税の計算がマイナスにならなければ、消費税を納付しなければなりません。だから、事業開始前に、初期投資がどれだけかかるかを概算し、消費税がマイナスになるときにだけ、「課税事業者届出書」を出すべきでしょう。

また後に述べるインボイス制度の影響を受ける事業者（１４６ページ参照）は、免税期間であっても課税事業者にならなければなりません。

4年間消費税を払わない方法

前述したように、起業して2年間は消費税の免税期間というものがあるのですが、裏ワザによってさらには2年間免税期間を延ばすこともできます。つまりは、起業して4年間、消費税を払わないで済むということです。

その方法とは、最初の2年間フリーランスとして事業を行い、3年目に法人化するのです。そうすれば、最長4年間、消費税が免除されることになります。

なぜこういうことになっているのかというと、税金の世界では同じ事業であっても、会社と個人はまったく別ものとして扱われるからです。

フリーランスと会社では、似たような事業をしていたとしても、税法上はまったく別個の扱いを受けます。

これは、フリーランスが、会社化した場合にもあてはまるのです。

フリーランスが、自分の事業をそのまま会社化したとしても、税法上は、「個人事業」

と「会社での事業」はまったく別のものとして扱われるのです。

たとえば、毎年2000万円の売上がある個人事業者が、会社をつくったとします。毎年2000万円の売上があれば、本来は消費税を払わなければなりません。でも、この会社は、はじめの2年間は、消費税を払わなくてもいいことになります。

フリーランスのときに売上が2000万円あったとしても、会社化すれば、それはまったく換算されないのです。会社というのは、あくまで登記してから存在するものであって、登記以前のことはまったくなかったものとされるのです。

だから起業する場合、はじめはフリーランスで行い、2年後に資本金1000万円未満の法人をつくれば、4年間は消費税を免除されることになるわけです。これは違法でもなんでもない、普通の合法的な節税方法です。

ただし、これから述べる「インボイス制度」の影響を受ける事業者は、免税期間を事実上使うことができません。そういう事業者は、免税期間のことは考慮せずに、消費税そのものを検討する必要があります。

事業者の負担を増すインボイス制度

何度か触れましたように2023年10月から、消費税のインボイス制度が始まります。インボイス制度というのは、事業者が支払った消費税に対して消費税の仕入れ税額控除をする際に、支払った相手先から、消費税の税額の明細を記載された「適格請求書」というものを受け取らなければならない、というものです。

前にも述べましたように、事業者は「売上時にお客から預かった消費税」から、「経費などの支払い時にすでに支払った消費税」を差し引いた残額を税務署に納付することになっています。

インボイス制度ではこの「経費などの支払い時にすでに支払った消費税」を差し引く条件として、支払先から「適格請求書」を受け取らなければならないということになったのです。経費を支払っても「適格請求書」がない場合は、その分の消費税は差し引くことができないのです。

適格請求書には以下の項目が記載されていなければなりません。

1、適格請求書発行事業者の氏名または名称および登録番号
2、取引年月日
3、取引内容（軽減税率の対象品目である場合はその旨）
4、税率ごとに合計した対価の額および適用税率
5、税率ごとに合計した消費税額
6、書類の交付を受ける事業者の氏名または名称

そして適格請求書を発行する手順は以下のようになります。

★課税事業者届出書を税務署に提出する→インボイス登録申請書を税務署に提出する→インボイス登録番号が税務署から発行される→取引先から「適格請求書」を求められたときに「適格請求書」を発行する

本来は免税事業者なのに納税しなければならない

この「適格請求書」を発行するためには、「課税事業者」にならなくてはなりません。

それがこのインボイス制度のもっとも影響が大きい部分です。

前にも説明したように、消費税には「免税事業者」という制度があります。前々年の売上が1000万円以下の事業者は、消費税を納付しなくてもいいという制度です。ですが、免税事業者は「適格請求書」を発行できないのです。

インボイス制度が施行されれば、事業者同士の取引の場合、相手が免税事業者であれば支払った分の消費税が控除できないことになります。だから、必然的に、事業者同士の取引では、相手先が「課税事業者」であることが求められるようになります。

一般消費者相手の事業をしている事業者であれば、このインボイス制度はあまり影響を受けません。一般の消費者は、消費税を払って「仕入れ」をしないので、「適格請求書」をもらう必要はありません。

たとえば、タバコ店でタバコを買う一般の消費者は、「適格請求書」などは要求することはありません。

しかし、一般の消費者ではなく、事業者が事業の中で物を買ったり、サービスを受けたりする場合は、「適格請求書」は重要となります。たとえば、事業者が事業用のパソコンを購入する際、「適格請求書」がなければパソコン代にかかる消費税を控除することができません。

このインボイス制度の導入で、もっとも大きな影響を受けるのは、零細のフリーランスです。筆者のようなライターや、デザイナー、イラストレーター、そのほかのクリエーターなどがもっとも大きな打撃を受けます。

こういうフリーランスの人は、企業から仕事を請け負うことが多いので、必然的に「適格請求書」の発行を求められます。ですが、年間売上1000万円以下の免税事業者は、「適格請求書」が発行できません。そのため、年間売上が1000万円以下であっても、あえて「課税事業者」となり消費税を納付しなければならなくなるのです。

つまりは、これまで消費税の納税を免除されてきた零細の事業者が、消費税を納付しなければならなくなるのです。

インボイス制度というのは、実質的に「零細事業者への増税」とさえいえるでしょう。フリーランスで年間1000万円超の売上がある人というのは、かなり大規模な事業の部類に入ります。

たとえば、ライターという職業の人は、自称含め数万人以上いると見られていますが、その9割以上は年間売上1000万円以下です。そういう人たちは、今まで消費税の納税が免除されていたのですが、インボイス制度の導入により、消費税を納付しなければならなくなったのです。

またインボイス制度は、サラリーマンの副業にも大打撃を与えるものと思われます。サラリーマンが副業で何かちょっとした仕事を請け負うというようなことがなかなかできにくくなるのです。

たとえば、サラリーマンがWEBデザインの副業をしていた場合などです（こういうケースは今まで、たくさんあったと思われます）。企業がWEBデザインの仕事を発注する際、やはり適格請求書の発行を求めるようになります。

となると、サラリーマンの副業であっても、消費税の課税事業者になる必要が出てくるのです。サラリーマンの副業のＷＥＢデザインなどは、せいぜい年間売上が数百万円です。今のご時世では数十万円稼げてもいい方だといえるでしょう。数百万円、数十万円の稼ぎであっても、消費税の納付をしなければならなくなるのです。

インボイス制度の影響を受けない事業とは？

インボイス制度は、すべての業種の事業者に影響があるものではありません。業種によってはインボイス制度の影響をほとんど受けないものもあります。

インボイス制度の影響を受けるのは、主に企業相手の事業を行っている事業者です。観客が消費税の納税義務者であれば、適格請求書を求められますが、顧客が消費税の納税義務者でなければ求められません。消費税の納税義務者とは、年間売上１０００万円を超える事業者です。

つまり、顧客が事業者でなければ、適格請求書は求められませんので、インボイス制度の影響は受けずに済むのです。「顧客が事業者ではない事業者」というと、一般の消費者を相手に事業を行っている事業者となります。

たとえば、パン屋さん、洋服屋さん、食堂、理髪店・美容室など、一般の人が日常的に買い物をしたり、サービスを受けたりするところです。

スーパーやコンビニなどの場合は、一般の人も買い物をするけれど、事業者も仕入れ品や、事務用品などを買いにくることもあります。だから、スーパーやコンビニなどでは当然、「適格請求書」を発行する必要があります。

飲食店などでも、一般の人が利用するだけではなく、事業者が接待のために利用したり、会議などの場所で使うこともあります。そういう事業者が使うような飲食店では、「適格請求書」の発行が必要となってくるでしょう。普通の定食店や街中華のような場合は、「適格証明書」を出さなくても大丈夫な店もあるでしょう。

また先ほど述べましたようにフリーランス系の仕事の多くは、インボイス制度の影響を受けますが、中には受けない事業者もいます。それは、一般の人に自分の創作品などを販売している場合です。

クリエーターが、自分で一般の人に創作物を販売しているような場合、一般の人が「適格請求書」を求めることはほとんどないので、インボイス制度の影響は受けないといえます。たとえば、自分でマンガを描いてネット上で販売しているような場合は、「適格請求書」を発行する必要はないでしょう。

ただネットで販売していても、自分が売るのではなく、販売業者が印税契約などを結んで販売しているような場合は、販売業者から「適格請求書」の発行を求められることになります。

このインボイス制度は、労力も非常に増えます。事業者はインボイス制度に対応するための準備をしておかなくてはなりません。

なにしろ6項目の必要事項を記載した「適格請求書」（143ページ参照）を、売上が生じる都度に発行しなければならないのです。今まで請求書など発行してこなかったような事業者にとっては、大変な事務量の増大となるでしょう。

そういった意味でも、インボイス制度は、フリーランスや中小事業者を疲弊させる制度だといえます。

消費税の計算を簡略化できる「簡易課税」

まだ売上の少ない起業したばかりのフリーランスには、簡易課税という制度があります。

これは消費税の計算を簡便にできる制度です。

前述しましたように消費税というのは、売ったときにお客から預かった消費税から、仕入れなどのときに支払った消費税を差し引いた残額を税務署に納める、というものです。でも、支払った消費税をいちいち計算するのは大変です。特に、経理の人を雇っていなかったり、税理士に依頼していないような中小の事業者にとっては、大きな負担です。

その救済処置として、年間売上が５０００万円以下の事業者には、簡易課税という計算方法が認められているのです。

簡易課税というのは、支払った消費税をいちいち計算せずに、「みなし仕入れ率」というものを使って、消費税の額を簡単に計算できるというものです。

簡易課税での消費税納税額の計算方法は以下のようになります。

売上×みなし仕入れ率＝みなし仕入れ額
（売上－みなし仕入れ額）×消費税率＝消費税額

たとえば、２０００万円の売上がある小売業者の場合、簡易課税を使えば次のような計算となります。

小売業者の「みなし仕入れ率」は80％なので、２０００万円の80％が仕入れ額とみなされます。つまり仕入れ額は１６００万円ということに自動的に決められるわけです。

売上２０００万円なので消費税10％で預かり消費税は２００万円です。支払い消費税はみなし仕入れ額が１６００万円なので、それに10％をかけて１６０万円となります。差し引き40万円を納付すればいいということです。

みなし仕入れ率というのは、業種（主なもの）によって次のように決められています。

卸売り業　90％
小売り業　80％

製造、建設業	70%
飲食店など	60%
不動産、サービス業	50%

「簡易課税」は計算も簡単で、かなり事業者に有利にできています。だから普通の場合は、売上が5000万円以下ならば、これを選択した方がいいでしょう。

しかし、特殊な場合は、簡易課税を選択しない方がいいときもあります。

たとえば、先ほどの小売り業を例に取ります。「薄利多売」を旨としている小売業者がいたとします。この業者は、仕入れ値に10%程度の利益をつけて売っています。このような場合は、仕入れ率は90%ほどになり、80%を超えることもあります。

そういう場合は、簡易課税を選択するより、仕入れ額をきちんと積み上げて計算した方が消費税は安くつくのです。

またたとえば、デザイン業務などをしている企業の場合、これはサービス業になるのでみなし仕入れ率は50%しかありません。デザイン業務などは、人件費の割合が高く、仕入れなどは少ないので、普通であれば簡易課税を選択した方がいいでしょう。

でも作業のほとんどを外注に出しているような企業は、仕入れ率、経費率が非常に高くなるはずです。人件費は、「消費税の仕入れ額」に算入することはできませんが、外注費ならば算入することができます。だからサービス業でも、外注費の割合が大きいような場合は、簡易課税を選択しない方が有利になる可能性が高いのです。

簡易課税は、一度選択すれば2年間は変更できません。だから、簡易課税の方が得になるかどうかというのは、事前にしっかり確認しなければなりません。

第5章

「法人成り」は超オイシイ

「会社をつくる」とダイナミックな節税ができる

フリーランスとして活動をして徐々に軌道に乗ってくると売上が大きくなってきて、人を雇うようなことになります。そうした場合、フリーランスから法人をつくることもありえます。これを「法人成り」と呼びます。この「法人成り」を果たすといろいろとメリットがありますので紹介したいと思います。

まずは起業して会社をつくったときの税金や社会保険のことをお話ししていきます。

何度か触れましたが「事業をする者」には、個人事業者と法人（会社）という二つの形態があります。両者の違いは、法人登記をしているかどうかだけです。

同じような事業を行っていても、法人登記をしていれば法人（会社）ということになり、法人登記をしていなければ個人事業ということになります。

この両者は、法人登記をしているかどうかだけの違いなのですが、法律上の取り扱いはまったく違ってきます。特に税法上は大きな違いがあります。

多くの人は、事業を始めるときには会社にしたいと思うでしょう。会社という方が世間的な見栄えもいいし、一般的には会社にした方が、税金が安くなるといわれています。また昨今では非常に安い金額で会社をつくることができます。

起業に関する本などでは、よく「事業を会社組織にすれば税金が安くなる」というようなことが書かれています。

確かに、会社と個人事業者を比べれば、会社の方がたくさんの節税方法があります。会社は個人事業よりも多様な経費の計上が認められているからです。

会社をつくるとダイナミックな節税ができます。

たとえば、会社には福利厚生費という費用が大幅に認められています。福利厚生費というのは、社員の福利厚生に関する費用です。これは個人事業者にも認められていますが、個人事業者の場合は、事業者自身の福利厚生に関しては、生活費との区別が難しいことから、あまり広範囲には認められない傾向にあります。

しかし、会社の場合は、経営者に対する福利厚生であっても、ほかの社員と同様に認められます（詳細は177ページから）。

またフリーランスの場合は、家族を従業員にすると、その家族の分の扶養控除は受けられないなどの制約がありますが、会社の場合はそういう制約もなく、普通に家族を従業員にすることができます（詳細は168ページ）。

だからといって、会社の方が絶対に税金上、有利かといえば決してそうではありません。会社をつくって税金を安くするためには、様々な節税方法を駆使することが必要です。そして様々な節税方法を使うには、それなりの知識と手間も必要となります。

そして上手《じょうず》に利益の調整をすれば、「会社をつくれば税金は安くなる」ということになります。

しかしその調整に失敗すると、会社をつくることによって逆に税金が高くなってしまうのです。

会社は設立するにも、維持するにも、それだけで費用がかかります。

また会社を自分でつくって自分で経営するオーナー社長は、「会社の利益」「自分の報酬」「株の配当」と三回にわたって税金が課せられます。個人事業者の場合は、事業所得に税金が課せられるだけなので、単純に見れば会社の方が税金が高くなります。

起業をする人は、何も考えずに起業の手続きの一環として法人登記を行う人もいるようですが、これはお勧めできません。会社にするより、個人事業者として事業を行った方が得をすることは多々あるからです。

「法人成り」の目安は売上1000万円

「会社をつくって税金を安くする」ためには、ある程度、事業の規模が大きくないと、元は取れないということになります。前述しましたように、会社を設立し維持するだけでお金がかかりますし、節税するためには税理士費用などもかかるからです。

総じていえば、会社をつくって税金を安くするためには、

★節税のための手間をかけられること
★それなりの事業規模があること

が求められるといえます。

では事業の規模がどのくらいならば会社をつくって節税になるのかというと、ざっくり

いって売上が1000万円程度といえます。

事業の分野によって事情が異なるので、一概にはいえませんが、売上が1000万円を超えていなければ、会社をつくってもできる節税策は限られているので、ほとんど意味はないでしょう。

また売上が1000万円を超えても、利益（所得）があまり出ていないのであればこれも意味がありません。会社をつくって維持するにはそれなりの費用がかかるので、それをペイできるほどの節税額が必要となるからです。

忘れてはならない法人登記

会社をつくるというのは、つまりは法人登記をするということです。

この法人登記とはどういうものなのか簡単に説明します。

現在、日本で設立できる会社には次の四つの種類があります。

・株式会社

・合同会社
・合資会社
・合名会社

このうち合資会社と合名会社は、「会社の損失に対して無限の責任を負う」など古いタイプの組織であり、新規に事業を行う際につくる会社としては現実的ではありません。

現実的に、今から会社をつくるとなると、株式会社か合同会社ということになります。株式会社も合同会社も「有限責任」です。「有限責任」というのは、会社が負債を抱えて倒産したときなどに、出資者は出資した金額の責任しか負わなくていいということです。

では、株式会社と合同会社はどう違うかというと、一番大きいのは「登録免許税の額」です。

法人登記する際に、株式会社の場合は15万円の登録免許税がかかります。印紙代等そのほかを合わせて登記するときにだいたい25万円程度のお金がかかります。

ですが、合同会社の場合は登録免許税は6万円であり、そのほかの登録のための諸経費を合わせても、だいたい10万円程度で済みます。

だから、なるべく安く法人をつくりたいという場合は、合同会社がいいということになります。

株式会社と合同会社では、出資者に対する配当の方法が違ったり、代表者の呼び方が違うなどがあります。が、自分が出資して自分が経営する「オーナー経営者」の場合は、実質的な経営方法にはほとんど違いは出てきません。そして株式会社も合同会社も、税法上は「法人」として取り扱われます。税法上の区別はまったくありません。

もちろん株式会社の方が知名度・信用度があるので、社会的な信用を得られやすいというのはあるでしょう。しかし昨今ではアマゾンの日本法人をはじめ、「合同会社」の大手企業も増えてきています。

法人登記は自分でやることもできますが、かなり面倒であり、難しい作業なので普通は司法書士などに依頼する方が無難です。司法書士の費用は5万～10万円ほどです（登記費用は6～15万円）。

図表⑤　会社にかかる税金

税金の種類	管轄官庁	税額
法人税 （資本金1億円以下の会社）	税務署	利益800万円以下の部分 利益×15.0% 利益800万円超の部分 利益×23.2%
法人税 （資本金1億円超の会社）	税務署	利益×23.2%
地方法人税	都道府県	法人税×10.3%
法人事業税	都道府県	利益400万円以下の部分 利益×5.0% 利益400万円超の部分 利益×7.3% 利益800万円超の部分 利益×9.6%
法人都道府県民税	都道府県	法人税×1.0% ＋均等割※1
法人市町村民税	市町村	法人税×6.0% ＋均等割※2

※１法人都道府県民税の均等割は従業員、資本金の規模に応じて、2万円から80万円まで。

※２法人市町村民税の均等割は従業員、資本金の規模に応じて5万円から300万円まで。

出典：税法を元に著者作成

会社の税金とフリーランスの税金の違い

ここで会社をつくった場合の税金と、個人事業の税金とはどう違うのか、具体的に説明したいと思います。

個人事業者の場合、先に紹介した「所得税」「住民税」などが課せられます。

一方、法人（会社）の場合は、「法人税」「法人事業税」などが課せられることになります。

会社にかかる税金は、法人税（国）、地方法人税、法人事業税、法人住民税（都道府県）、法人住民税（市町村）の5つです。このほかに、一定以上の売上がある会社には消費税がかかり、また従業員を雇用したりした場合には源泉徴収税がかかります。

会社にかかる税金の額は、だいたい二つの方法で決まります。

一つは利益や売上に応じて税率が課せられる方法。

もう一つは会社の規模に応じて一定の額が課せられる方法（均等割）です。均等割というのは利益が出ても出なくても必ず払わなくてはならないものです。この均等割は、もっとも小さい規模の会社（資本金が1000万円以下、従業員50人以下の会社）であっても、都道府県、市町村民税を合わせて最低7万円はかかります。

オーナー社長は税金を三回払う

起業して会社をつくるということは、オーナー社長になるということです。オーナー社長というのは、経営者と株主が同一ということです。日本にはこういう会社はたくさんあります。

会社というのは、本来は投資家が出資して会社をつくり、その経営は誰かに委《ゆだ》ねます。経営者は収益を挙げるように努力し儲かったお金を投資家に分配するのです。

しかし、オーナー社長の会社というのは、投資家と経営者を一人で兼ねることになります。

このオーナー社長の場合、経営者としての報酬は会社の経費から支払われ、投資家としての報酬は会社の利益から配当という形で支払われます。

そして経営者はその報酬に対して個人としての所得税や住民税などが課せられ、株主への配当には配当所得に対する所得税や住民税が課せられます。

だからオーナー社長の場合は、報酬に対する税金と配当に対する税金が別個にかかってくるということです。

つまり、オーナー社長の立場から見れば、会社の利益に税金が課せられ、自分の報酬にも税金が課せられ、株の配当金にも税金が課せられるということになります。

★オーナー社長（株主兼経営者）から見た会社関係の税金
会社の利益↓法人税、法人住民税等がかかる
自分の報酬↓所得税、住民税がかかる
株からの配当↓所得税、住民税がかかる

法人税が会社の税金のベースとなる

会社の税金の中では、法人税が一番大きく、またほかの税金は法人税と連動するようになっています。

法人事業税は、法人税で算出された利益を基準にして算定しますし、地方法人税、法人

都道府県民税、法人市町村民税は、法人税額を基準に算定します。

会社の税金の基準は法人税であり、法人税が確定すればほかの税金も確定するようになっているのです。個人事業者の所得税のようなものです。

だから会社の税金を節税する場合、まずはこの法人税を安くしなければなりません。

この会社の税金の中心である「法人税」は、企業の所得に応じて課せられます。

この所得というのは、事業でいわれるところの「利益」にあたるものです。利益というのは、基本的に「売上－経費」で算出されます。これもフリーランスの所得税に似ています。

だから利益が出ていない会社には、法人税は課せられないことになります。これもフリーランスの所得税と似ています。

実は日本の会社全体の7割は、利益が出ていません。だから日本の会社全体の7割は、法人税を払っていないのです。これは会社が利益をうまく調整しているケースも多いからです。

法人税の税率は次のようになっています（詳細は163ページの図表⑤を参照してください）。

★資本金1億円以下の会社
利益800万円以下の部分　利益×15・0％（※19・0％）
利益800万円超の部分　利益×23・2％

★資本金1億円超の会社
利益×23・2％
※適用除外事業者（その事業年度開始の日前3年以内に終了した各事業年度の所得金額の年平均額が15億円を超える法人等をいいます）に該当する法人の年800万円以下の部分については、19％の税率が適用されます。

家族を社員にするというオーソドックスな手法

何度か触れましたが、会社は個人事業者よりも節税の幅が非常に広がるといえます。
会社と個人事業者でもっとも違う部分は「家族への給料」と「福利厚生費」です。この二つをうまく使えば、税金は非常に安くなります。

まずは、「家族への給料」からお話ししましょう。

前述しましたように、個人事業者も家族に対して給料を払うことができます。ですが、白色申告の場合は額が限られ、青色申告の場合は配偶者控除が受けられないなど、いろいろと制約がありました。

しかし、会社の場合は経営者の家族であっても、ほかの役員や社員と同様に給料を出すことができます。また家族や親族を会社に入れるということは、信頼できる社員を会社に入れるということでもあります。

だから、オーナー社長が家族や親族を会社の中に入れることは、非常にオーソドックスな節税策となっています。上場企業などでも、創業者一族が会社に入って経営に携わっているということは多々あります。

特に小さい会社の場合は、絶大な節税効果を発揮します。

日本の所得税は累進課税になっており、所得が大きい人の方が税率が高くなるという仕組みになっています。だから給料を家族に分散した方が、全体の税金を安くすることができるのです。

芸能人が売れ始めると会社をつくり、自分の家族を役員に据えることがよくありますが、それは節税策でもあるわけです。

経営者は会社から雇われているという建前

「会社から家族へ給料を払う」というお話をする前に、まず経営者の報酬というものについて説明しておきたいと思います。

会社の税務上の取り扱いで、一番大きな特徴は「経営者といえども会社から雇われている」という形になっていることです。

株主や経営者と会社は、法律の上では別のものとして取り扱われます。自分が株主で自分が経営している会社であっても、「株主」「経営者」「会社」というのはまったく別のものという建前があるのです。

株主が資金を出して会社をつくり、会社は経営者を雇って経営をさせるということです。

だから経営者の報酬というのは、会社の利益とは関係なく、会社から決まった額が支払われることになります。

この点が個人事業者と大きく違うところです。

個人事業者の場合は、事業の利益はすなわち個人の所得ということになります。ですが、会社の場合は、会社の利益はあくまで会社のものであり、経営者の報酬とは別のものとして取り扱われます。

経営者、役員にはボーナスは払えない

会社の経営者や役員の報酬というのは、原則として会社の経費で支払われることになります。

そしてその報酬の額はあらかじめ決められた額しか出すことができません。経営者や役員の報酬は、株主総会などであらかじめ決められて、それ以上の額を出すことは原則としてできないのです。

だから、会社の経営者や役員は会社が儲かったからといって、自分の報酬が増えることはないのです。

会社の利益が出たときにボーナスとして経営者に報酬が支払われることもありますが、それは法人税法上、一部を除き損金算入（経費計上）ができません。

会社の利益というのは、経営者のものではなく、株主のものという建前になっています。

だから経営者が勝手に自分のものにするわけにはいかないのです。

フリーランスと経営者の個人の収入

売上 − 経費 ＝ 事業所得
↓これが個人事業者の収入になる

会社の場合の経営者の収入

売上 − 経費 ＝ 会社の所得（これは株主のもの）
↓ここから経営者の報酬が支払われる

家族を社員として雇用すればボーナスも支払える

「会社から家族に給料を払う」のは非常に簡単です。

家族を会社で雇用し、給料を払えばいいだけです。

経営者が自分の家族を会社の役員や社員にした場合、税務署からクレームがつくのではないかという懸念を持つ人もいるでしょう。

もちろん何も働いていないのに、家族に高額の報酬を出したりすれば、税務署も指摘します。

しかし、社員として給料をもらう条件をクリアしていれば、税務署もそうそう指摘はできません。その条件とは次の二つです。

・ちゃんと仕事をしていること

・給料の額が妥当

妥当な給料の額というのは、その仕事を第三者に依頼したときにどのくらいの給料を払わなくてはならないか、ということです。

たとえば、ちょっとした雑用であっても、これを他人にしてもらうためには、それなりの給料を払わなくてはなりません。その給料が妥当な給料の額ということになります。その程度の給料であれば税務署は何もいえないのです。また世間並みよりも若干待遇がいい、というような程度ならば、税務署も文句はいえません。そういう企業はいくらでもあります。

前述したように、経営者自身は一般の社員のようにボーナスがもらえないのですが、家族を社員にした場合、その家族社員にはボーナスを出すことはできます。

前述しましたように、会社の経営者や役員というのはボーナスをもらうことができません(もらえてもそこに法人税がかかります)。だから、会社に利益が出たからといって、そういう報酬を増額するわけにはいかないのです。税負担も増えることになります。

しかし、家族社員の場合は、普通の社員と同様にボーナスを支給することができます。だから、会社に利益が出たとき、決算期前などに家族社員のボーナスを出し、会社の法人税を減らすというような方法が使えるのです。

経営者の配偶者は経営者と同様にみなされる?

ただし、経営者の配偶者を社員にする場合は注意が必要です。

というのも、条件によっては経営者の配偶者の場合は、普通の社員として雇用されていても、経営者と同等にみなされ、ボーナスなどを自由に支払えないこともあるのです。それを「みなし役員」といいます。社員であっても役員とみなします、という意味です。

この「みなし役員」になる条件は以下の通りです。

・経営に関与していること
・その人の持ち株割合(配偶者分含む)が5%を超えている
・その人の同族グループ(血族6親等、姻族3親等以内)で持ち株割合が10%を超えている
・同族グループ上位三人までの持ち株割合が合計50%を超えていて、その中に入っている

この条件のうち「経営にタッチしているか」どうかについては、具体的な線引きはありません。

税務署では、だいたい「経理をしていればアウト」というような考え方をしています。

つまり、妻が経理をしているのなら、会社の経営に携わっている（＝みなし役員）と考えるということです。

常勤していない家族にも給料を払える

常勤していない家族に給料を払う方法もあります。

それは家族を「非常勤役員」にするということです。

非常勤役員というのは、その名の通り、常勤しない役員のことです。経営に関する助言を与えたり、いざというときに交渉その他をするための役員です。

非常勤役員は、毎日出社する必要はありませんし、これといった業務をしていなくても大丈夫です。だから、非常勤役員にするための条件は、普通の役員や従業員よりも、かなりハードルが低いといえます。

ただし非常勤役員の場合も、家族を従業員にしたときと同様、まったく会社の業務に関与していないのであれば、税務署からお咎《とが》めを受けることもあります。

でも、時折、会社に来て会議に参加などをしていれば、税務署がそれを否認するのは難しいのです。

大企業などでも、ほとんどの非常勤役員は、そういう仕事しかしていません。大企業では、有名タレントや有名スポーツ選手が形ばかり非常勤役員になっているケースも多々あります。

だから、税務署が非常勤役員を「仕事をしていない」として否認するのは、家族従業員を否認するよりも難しいといえます。

福利厚生費の範囲はかなり広い

次に福利厚生費のことをお話ししましょう。

会社の税務が個人事業の税務と大きく違う点に福利厚生費があります。

個人事業者にも福利厚生費は認められていますが、事業者自身への福利厚生費は税務署は認めない方針を取っています。

しかし、会社の場合は、経営者でもほかの社員と同様に福利厚生費を受けられますので、よりダイナミックに節税ができるわけです。

福利厚生費というのは、会社の従業員の福利厚生などにかける費用です。健康に関する費用、衣食住の補助、娯楽費の補助など多岐にわたります。

そして従業員が経営者一人しかいない小さな会社であっても、経営者とその家族だけでやっている会社であっても、福利厚生費を使うことができるのです。

つまり、福利厚生を充実させることによって、会社のお金を使って経営者や家族の生活を充実させることができるのです。

具体的にいえば、人間ドックなどの健康費用、病気の際の入院費の補助、冠婚葬祭時の慶弔費、スポーツジムの会費、観劇やスポーツ観戦などのレジャー費の補助、家族（社員）旅行の補助などもOKなのです（一定の条件はあります）。

また夜食代や昼食代の補助まで適用されるのです（詳しくは181ページ）。役員や社員の衣食住の大半は、福利厚生で賄えるといっても過言ではありません。

福利厚生費は一年間にどれだけ、という制約はありませんし、簡単に増減できます。だから儲かったときには、たくさん福利厚生費を使い、儲からないときには減らすということで、税金の調整弁となりうるのです。

会社の「借り上げ住宅」という仕組み

福利厚生費の中で、もっとも大きいものは住居費だといえます。一定の条件をクリアしていれば、経営者や従業員の住居費を出すこともできるのです。

その条件をざっくりいえば、役員や社員が住んでいる家（部屋）を会社の借り上げにして、社宅として役員や社員に貸す、というものです。そして役員や社員は一定の賃貸料を会社に払っていればＯＫです（詳細の計算式は１８０ページ図表⑥の通り）。

この方法は、単なる「家賃の補助」ではダメです。あくまで会社が直接借りて、そこに社員が住む、という形を取らなければなりません。

図表⑥　借り上げ住宅で社員が会社に払う金額の計算式

●社員の場合（月額）

① その年度の建物の固定資産税の課税標準額×0.2%
② 12円×その建物の総床面積の坪数
③ その年度の敷地の固定資産税の課税標準額×0.22%

①②③の三つの計算式で出された金額を足した金額の「半額以上」社員が払っていればOK。

●役員の場合（月額）

◆小規模住宅の場合（木造132㎡以下、木造以外99㎡以下）

① その年度の建物の固定資産税の課税標準額×0.2%
② 12円×その建物の総床面積の坪数
③ その年度の敷地の固定資産税の課税標準額×0.22%

①②③の三つの計算式で出された金額を足した金額を役員が払っていればOK。

◆一般住宅の場合（小規模住宅以外の場合）

(1) 自社所有の社宅の場合
次のイとロの合計額の12分の1を役員が払っていればOK。
イ その年度の建物の固定資産税の課税標準額×12%
ただし、法定耐用年数が30年を超える建物の場合には12%ではなく、10%を乗じます。
ロ その年度の敷地の固定資産税の課税標準額×6%

(2) 他から借り受けた住宅等を貸与する場合
会社が家主に支払う家賃の50%の金額と、上記(1)で算出した賃貸料相当額とのいずれか多い金額を役員が払っていればOK。

※ただし床面積が240㎡を越え、プールなどの贅沢な施設がある「豪華住宅」の場合は、役員は家賃を全額支払わなければなりません。

出典：国税庁ホームページより

食事代を福利厚生費で落とす

福利厚生費の中で次に大きいのが食事代です。福利厚生費では、一定の条件を満たせば、役員や従業員の食事代を支出することができるのです。

そして役員や従業員にとっても、給料としての扱いにはなりません。だから、会社にも役員、従業員にも税金はかからないのです。これをうまく使えば、事実上、役員、従業員の生活費を無税で支給することになります。

しかもこの福利厚生費からの食事代は、会社の人数に制限があるものではありません。少人数の会社は不可というような規定はないのです。だから経営者一人でやっている会社、夫婦や家族でやっている会社でも適用できます。

たとえば、家族でやっている会社があったとします。

家族はみな、毎日、夜遅くまで働いています。経営者の妻が、近所のスーパーで材料を買ってきて、夜食をつくり、社員に支給します。この夜食代は、会社から経費で出すことができるのです。

福利厚生費から食事を支給するときの条件は、食事の状況によって変わってきます。

★昼食の場合

昼食は一定の条件を満たせば、一人月3500円まで会社が福利厚生費として支出できます。

一定の条件とは、次の三つです。

・従業員が一食あたり半分以上払うこと
・月3500円以内であること
・会社が用意するか、会社を通じて仕出しや出前を取ること

★夜食の場合

夜食の場合は、昼食よりもはるかに支出できる額は大きいです。夜食代を会社が負担した場合、全額を福利厚生費として支出できるのです。

ただし、この夜食もあくまで会社が支給したという形を取らなくてはなりません。夜食

は、会社が自前でつくるか、会社が仕出しや出前を取ったものを社員に提供しなければならないのです。

また夜間勤務の場合、出前などは取らなくても、一回300円までの食事代の現金での支給は福利厚生費で支出できます。

この夜食について、何時からが夜食というような規定はありません。だから、常識の範囲内での「夜食」であれば大丈夫ということです。

いつも残業しているような会社では、「夕食代は福利厚生費で出す」ということができるのです。

レジャー費用も会社の経費で落ちる

食事だけでなく、レジャーの費用も福利厚生費として計上することができます。

福利厚生費というのは、従業員の福利厚生のための費用です。レジャー、レクリエーションなどの費用も当然、含まれるわけです。

しかも、レジャーというとかなり範囲が広くなります。

遊び全般は、レジャーといえます。遊び全般の費用が、福利厚生費で出せれば、こんなにいいことはありません。

そして、法的にレジャー費は、どこからどこまでならば福利厚生費として認められるのか、というと、実は明確な基準はないのです。

世間一般で福利厚生として認められる範囲ということになっています。福利厚生というのは、時代とともに変わるものです。たとえば、昔は会社の慰安旅行で海外旅行は認められていませんでした。しかし、現在は海外慰安旅行も福利厚生費として認められています。時代の趨勢《すうせい》で、福利厚生費の範囲は広がっていくといえます。ただし、どこまで広がっているのか明確な基準がないだけに、会社としては使いづらい面もあります。

ですが、大企業、官庁で取り入れられているような福利厚生ならば、まず大丈夫です。スポーツ観戦チケット、コンサートチケットなどは、大企業や官庁などで、普通に福利厚生として支給されています。

なので、十分に福利厚生費の範疇《はんちゅう》と考えていいでしょう。

つまり、スポーツ観戦やコンサートのチケットの代金を会社のお金で出すことができるわけです。スポーツファンや音楽ファンの経営者にはたまらないでしょう。

ただ、あまりに何回も行くとまずいといえます。

福利厚生費は、世間一般の常識の範囲内ということなので、毎週コンサートに行ったりするのは、ちょっと常識からはずれます。年に数回というところが妥当でしょう。

また福利厚生費で気をつけなくてはならない点は、一部の社員のみが対象になっていてはダメ、ということです。逆にいえば社長一人しかいない会社では、社長一人で行ってもいいわけです。

ただしほかに社員がいる場合は、みなに同等の福利厚生をしなければなりません。

またこのチケット代は、会社が購入し、それを社員（役員）に配布するという形を取らなくてはなりません。社員（役員）が自分で購入し、会社はその代金を後から支給するという形であれば、社員（役員）に対する給料（報酬）という扱いになります。

だから、「会社が購入→社員に配布」という形だけは、崩してはならないのです。

社長一人の会社などでは、結局、自分で買って自分でもらう、ということになるでしょうが、形式は守らなくてはなりません。領収書なども、個人あてではなく、会社あてでもらっておいた方がいいでしょう。

スポーツジムも会社のお金で行く

前項では、スポーツ観戦、観劇などの費用を福利厚生費で落とせることを紹介しましたが、スポーツジムなどの会費も落とすことができます。

昨今では健康志向もあり、仕事が終わってからスポーツジムに行くというビジネスパーソンも多いようです。スポーツジムの会費は、最低でも月1万円くらいします。これを会社のお金で負担できるわけです。

スポーツジムの会費を福利厚生費で出している企業はいくらでもありますし、官庁でもスポーツジムの法人会員になっているケースもありますので、もうこれは堂々と使えるものです。

ただ月々の会費は、福利厚生費として損金処理することができますが、入会金は資産として計上しなければなりません（後で返却されないものは、加入期間で償却する）。

これは、経営者一人の会社でも当然適用できるものです。

ただし、役員など特定の人しか利用できない場合は、その特定の人の給料になり、所得税がかかります。経営者一人の会社では、必然的に経営者一人しか利用していないことになりますが、もし社員が入ってくれれば、その社員も利用できることになっていれば、大丈夫です。

これまで福利厚生のことを説明してきましたが、「福利厚生として認められるものの基準がわからない」という人も多いでしょう。

なので、この項の最後に、福利厚生の基準についておさらいをしておきましょう。

福利厚生には、大まかにいって次の三つの基準があると思ってください。

★一つ目は、「社会通念上、福利厚生として認められるもの」です。

福利厚生費の範囲というのは、それほど厳密な線引きはされておらず、世間の価値観に委ねられています。だから、大企業などを参考にして、それとかけ離れていないものならば大丈夫ということです。

★二つ目は、社員の誰もが同様に享受できるものであることです。役員など、ごく一部の人しか使えないものではダメということです。

これは必ずしも、誰もが同じだけ使わなくてはならないということではありません。たとえば、スポーツジムなどの場合、誰もがスポーツジムに行ける状況さえ整っていればいい、ということです。

社員のある人は毎日行くけれど、ある人はまったく行っていなくても、誰もが行こうと思えば行けることになっていれば、大丈夫ということです。
★三つ目は、福利厚生はあくまで会社が社員に支給するという形を取らなくてはならない、ということです。
社員が自分で何かを購入したりサービスを受けたりして、会社はお金を出すだけ、という形ではダメなのです。

あくまで会社が購入したものや、契約したサービスを社員に支給するという形を取らなければならない、ということです。

この三つを守っていれば、福利厚生費として認められます。

会社をつくった場合の社会保険

会社をつくった場合、原則として会社から社会保険に加入しなければなりません。

前述しましたように、個人事業者の場合は、年金は「国民年金」、健康保険は「国民健康保険」に加入することになっていました。

会社をつくった場合、年金は「厚生年金」、健康保険は「健康保険」に加入することになります。サラリーマンをしていたときにも厚生年金と健康保険に加入していたはずですが、会社経営者になってもそれは同じです。

厚生年金と健康保険の保険料は、都道府県によって若干違いがあります。東京の場合は、標準報酬月額に対して以下のようになっています。

厚生年金　18・3％

健康保険　40歳以上65歳未満…11・45％
それ以外…9・81％

そして本来、サラリーマンの場合はこの保険料を、会社と折半するので、保険料はこの半分でいいのです。しかし、会社経営者になった場合、自分の分も会社の分も結局は自分の事業の中で支払うことになります。なので、実質的にはこの保険料をまるまる自分で負担することになるのです。

会社経営者が社会保険料を安くしたい場合は、必然的に自分の報酬を低くするということになります。福利厚生費などで会社の経費を使い、その分、自分の報酬を低くすれば、社会保険料は安くなるということです。

ただ、社会保険料を安くすると、将来もらえる年金額を減らしてしまうということになります。また令和4（2022）年10月からは、家族を雇用した場合も、パートやアルバイトと同様に、週に20時間以上働いて月額賃金8万8000円以上で、2か月以上雇用する見込みがあるときは、家族もこの社会保険に加入させなければなりません。

なので、家族を従業員にする場合は、賃金8万8000円未満を一つの基準にしておいた方がいいかもしれません。賃金8万8000円未満に抑えるか、それとも超えるのであればいっそたくさん払って自分の報酬分を削るか、というような選択肢です。

雇用保険、労災保険にも入る必要がある

会社をつくって人を雇った場合、その人を健康保険、厚生年金に加入させなければならないだけではなく、会社は雇用保険、労災保険にも加入する必要が出てきます。

具体的にいえば、人を雇用して1週間の労働時間が20時間以上で31日以上の雇用見込みがある場合には、雇用保険、労災保険に入る義務が生じるのです。これは会社だけではなく、フリーランスであっても人を雇用すれば同様の義務が生じます。

雇用保険というのは、いわゆる失業保険のことです。会社が倒産したり、解雇されたり、自分で退職したような場合、一定期間、手当てがもらえる制度です。

雇用保険料は対象賃金の13・5%で、事業主（会社経営者）が8・5%、被保険者が5%を負担することになっています（2022年10月以降）。

雇用保険は、事業主やその家族は原則として入ることができません。ですが、次の三つの要件をクリアしていれば、家族であっても雇用保険に入ることができます。

・事業主の指揮命令に従っていることが明確であること
・事務所内におけるほかの労働者と同様に賃金が支払われていること
・取締役などの事業主と同等の地位にないこと

つまりは、家族であっても普通に従業員として働いているのであれば、雇用保険に入ることができるということです。

労災保険というのは、業務中に事故に遭ったり、仕事が原因で病気になったような場合に支払われる保険です。保険料率は事業内容によって細かく分けられており、オフィス業務などは従業員の賃金総額の３％です。全額を事業主が負担することになっています。

雇用保険の裏ワザ

前項で述べましたように会社をつくって人を雇えば、雇用保険に加入しなければなりません。

図⑦　雇用保険の支給額

●会社都合退職の場合

区分		被保険者であった期間				
		1年未満	1年以上 5年未満	5年以上 10年未満	10年以上 20年未満	20年以上
区分	30歳未満	90日	90日	120日	180日	—
	30歳以上 35歳未満		120日	180日	210日	240日
	35歳以上 45歳未満		150日		240日	270日
	45歳以上 60歳未満		180日	240日	270日	330日
	60歳以上 65歳未満		150日	180日	210日	240日

●自己都合退職の場合

区分		被保険者であった期間				
		1年未満	1年以上 5年未満	5年以上 10年未満	10年以上 20年未満	20年以上
区分	65歳未満の 全年齢	—	90日		120日	150日

出典:「ハローワークインターネットサービス」ホームページより

しかし、これは負担が増えるばかりではありません。

いざというときのセーフティーネットが増えることでもあります。

雇用保険の被保険者であれば、会社を辞めるときに雇用保険を受け取ることができるのです。雇用保険というのは、1年以上入っていれば、自己都合の退職であっても3か月分の保険をもらう資格が生じます。

自分が事業主になれば自分は雇用保険に入ることはできません。しかし、家族や知人を従業員にすれば、彼らを雇用保険に加入させることができます。家族の場合は、前項の三つの要件（191ページ参照）を満たしていれば雇用保険に入ることができるのです。

また家族や知人が事業を起こし、自分が従業員になれば雇用保険に加入することができます。この制度をうまく使えば、自分や家族、知人たちの新たなセーフティーネットをつくることができるのです。極端な話、定年退職後に雇用保険を5か月間受給し、その後、知人の会社に雇ってもらい、1年後に自己都合退職すれば3か月間の待機期間を経て、また90日間の雇用保険をもらうことも理論上はできます（悪質な場合は摘発されることがありえますので、お勧めはしませんが）。

第6章
賢くお金を調達しよう

借金は悪いことではない

起業する際において、もっとも大事な問題、必ずクリアしなければいけない問題が資金調達です。

事業には必ず資金が必要です。

どんなにいいアイディアを持っていたとしても、それを事業化するためのお金がなければ、ただのアイディアで終わってしまいます。

インターネットでの事業など、最近は、少ない投資で始められる事業もあります。しかし、基本的には事業を始めるには、それなりにお金がかかります。

サラリーマンが起業するときは、まずは自分で資金調達するのがもっとも無難です。起業資金の目標を立て、自分の預貯金や退職金などを計算し、自前で資金調達するのです。

ですが、大掛かりな事業をするとなると、どうしても自分だけで資金を調達することは難しくなります。また、資金が必要なのは、開業のときだけではありません。事業を続けていく上で、どうしてもお金が足りなくなるときは必ずあります。事業が軌道に乗っても、不慮のできごとで資金繰りが悪化するということなど、ビジネスの世界では普通にあります。それをどう乗りきるかが、経営者としての手腕ともいえます。

資金を調達する方法として、借金があります。

事業を行うためには、この借金の知識も持っておいた方がいいでしょう。

借金はうまくいけば重要な事業資金となり、事業成功のカギとさえなりますが、借金をすると失敗する可能性も高くなります。借金をせずに自前の資金だけで事業を行えれば、事業に失敗しても自分の預貯金がなくなったというだけで済みます。

しかし借金して事業に失敗すれば、自分の家族や将来にも大きな悪影響を及ぼしてしまうこともあります。

人が没落するときというのは、一番多い原因は「借金」です。それは文明が始まって以来のことなのです。たとえば中世の公家が没落して、武士の世になったのも、最大の要因は公家の借金なのです。

昨今でも、多重債務で自己破産したり一家離散したり、最悪の場合は自殺に追い込まれたりする人もいます。そして借金で身を持ち崩す人というのは、得てして借金が非常に下手な場合が多いのです。

普通の真面目《まじめ》な人は、「借金などしてはならない」と考えて、借金のことを忌避する傾向にあります。

しかし、そのため、借金の方法について何も知らないことが多いのです。となると、いざ借金をしなければならない、というときになって、やり方を知らないものだから、高利率の悪条件の借金をすることになる、というケースが多々あります。

だから「借金がうまい」ということは、実は大事なことなのです。

そして、上手に借金をするということに、それほど難しい技術はいりません。

ほんのちょっとの知識があればいいのです。ほんのちょっとの知識がないばかりに身を持ち崩してしまう人が多いのです。

お金を貸してくれる場所はけっこうある

昨今は実績のあまりない起業家にも、お金を貸してくれる場所はけっこうあります。

お金を借りられる場所を大雑把《おおざっぱ》に分けますと、公的機関、銀行、クレジット会社、消費者金融です。

これらの四つの場所は、それぞれに特徴があります。これらを上手に使い分けることが肝要です。

まず、覚えておきたいのは金利です。

金利から見るならば、公的機関（日本政策金融公庫など）が低く、次いで銀行、クレジット会社、もっとも高いのが消費者金融となっていきます。

たとえば100万円を2年間借りると、消費者金融では利子が最大40万円くらいになりますが、公的機関ならば、せいぜい数千円から数万円です。どんなに利息の安い消費者金融よりも、もっとも利息の高い公的機関の方が、まだ全然安いのです。

しかし、審査にかかる時間や手続きの簡便さから見れば、金利の場合とは逆の順序となります。

消費者金融の場合は、通常申し込んだその場でお金を借りることができますが、公的機関の場合は、申し込んで借り入れができるまで、1か月以上かかることもあります。

これらを考慮すると、大金を借りる場合、長期間にわたって返済する場合は、できれば公的な金融機関を利用するべきでしょう。少なくとも消費者金融やクレジット会社の場合は、あくまで短期の急な物入りのときに使って、すぐに返すか、公的機関か銀行に借り替えるべきです。

公的な金融機関を上手に使おう

資金を調達する際、まず第一に考えてほしいのは公的金融機関です。

国や自治体などは、公的な金融機関をたくさんつくっており、事業のための融資制度を整えているのです。しかし残念ながら、起業家の多くはこういう公的な金融制度をあまり使っていません。

一般の人は、公的金融機関は普通の人ではなかなか借りられないのではないか、銀行よりもお金を貸してくれないのではないか、と思いがちです。

公的金融機関は、要件さえ満たしていて融資枠が残っているなら、融資してくれるのです。銀行のように、本当に返済能力があるのかどうかをじっくり検討したりはしません。また実績のない企業、景気の悪い企業でも、融資をしてくれることもあります。

そして、公的金融機関の最大のメリットは、利率が低いということです。だいたい、どの公的金融機関でも、銀行のもっとも安い利率よりも、さらにずっと安い利率で融資してくれます。

お金を調達しようと思ったら、まずはとにかく公的金融機関の門をたたくべきです。公的金融機関のデメリットは、融資が下りるまで時間がかかるということです。

だから、急を要しているときにはあまり向きません。急を要しているときは、とりあえずビジネスローンなどで借りてつないでおいて、同時に公的金融機関に融資の申請をするということもアリでしょう。

また融資の申請は、普通の人でも簡単にできます。そして中小企業や、独立開業者にお金を貸してくれる公的金融機関というのは、けっこうあるものです。中小企業にお金を貸してくれる公的金融機関の代表的なものが日本政策金融公庫です。

日本政策金融公庫は、平成20（２００８）年に、それまであった国民生活金融公庫、中小企業金融公庫などが合併してできたものです。

日本政策金融公庫は、銀行よりもお金を借りやすいといわれています。それは、会社の業績、財政状態がよくなくても、銀行のようにそれだけではねられることはないということです。

また、会社の規模や、年数にかかわらず貸してくれるということです。状況によっては億単位の規模の融資も行っており、普通の中小企業にとっては十分といえるでしょう。ただし、信用情報に問題があったり、公共料金や税金の支払いに遅延があるなどしたら、貸してくれないこともあります。

また日本政策金融公庫は、小口資金の貸し付けも積極的に行っています。日本政策金融公庫から融資を受けている会社の、標準的な借入額は300万~700万円です。なので、当座の運転資金など、ぜひ上手に活用したいものです。

日本政策金融公庫は、保証人か担保が必要ですが、条件にもよりますが、「上限4800万円までは無担保」というものもあります。

金利は、融資条件により0・3~1・70%となっており、銀行よりもかなり安いです。保証人の資力は、少額であればそれほど要求されません。ある程度の年収がある人なら、OKです。また、一定の要件を満たしていれば、担保も保証人もなしで貸してくれます。

日本政策金融公庫は、開業のための資金も貸してくれます。

信用保証協会とは？

起業家は資金調達の方法として、「信用保証協会」も知っておきたいものです。

信用保証協会というのは、中小企業が金融機関から融資してもらうときに、その保証をしてくれる団体です。担保力や信用力が不足している中小企業者のためにつくられたものです。

各都道府県を単位として、52の団体があります。信用保証協会の役割は、中小企業の融資において、その保証人となり、もし返済できないときには債務を負うというものです。

銀行は、信用のない中小企業にはなかなかお金を貸してくれません。なので、信用保証協会が「うちが保証するから、お金を貸してやってくれよ」といって、銀行の融資を促すわけです。

もちろん、信用保証協会が保証するのだから、銀行は喜んでお金を貸します。だから、信用保証協会の保証を受けられれば、融資を受けたも同然となるのです。

ただし信用保証協会の保証を受けるには、借入金の1～2％の保証料を払わなければなりません。保証料は融資条件によって変わってきます。

信用保証協会が保証する資金の使途は、運転資金と設備資金です。保証期間は運転資金7年、設備資金10年以内です。また、不動産担保を提供すれば、15年以内の長期保証が受けられます。中小企業者に対する融資の最高限度額は、原則として2億8０００万円ですが、都道府県によっては、若干違ってきます。

保証人、担保を要求されることもありますが、会社の場合、経営者以外の人を保証人として要求されることはありません。つまり、経営者が保証人になれば十分ということです。

売掛金、事業資産を担保に銀行からお金を借りられる

銀行は、不動産・有価証券などの担保があれば、比較的簡単にお金を貸してくれます。

「俺は不動産や有価証券などを持っていないからお金は借りられない」

と思っている人も多いでしょう。

そんな起業家の人に朗報があります。

昨今、金融機関では不動産だけではなく、未収の売掛金や事業資産などを担保にして融資をするということが行われています。

これは、「ABL」といわれるものです。

これまで事業者が持っている原材料・製造途中仕掛品《しかけひん》・商品等の在庫や、機械設備・売掛金等の債権などは、担保にされてきませんでした。でも、これらの資産は、金銭的な価値があるので、うまく使えば担保になるはずです。これを担保にしてお金を貸せば、金融機関も会社も助かります。銀行は、貸し付け先を確保できますし、事業者は不動産がなくてもお金が借りられます。

ということで、事業資産などを担保にした融資が、アメリカなどで広がり始め、最近、日本でも経済産業省が音頭を取って、積極的に普及に努めています。

政府系金融機関や民間銀行も、このABLを活用しようとしています。

特に前項で紹介した信用保証協会は、ABLを積極的に推進しています。信用保証協会としても、無担保で融資保証するよりは、売掛金などを担保にした方がお金を貸しやすいわけです。

信用保証協会が保証するＡＢＬの融資保証限度額は、２億円です。保証料は０・68％なので通常１〜２％の融資保証料よりも条件はよくなっています。

売掛金が非常に多い業界、在庫をたくさん抱えなければならない業界などは、使い勝手があると思われます。該当する経営者は、金融機関で相談してみるといいでしょう。

あなたの会社も社債を発行できる

企業が資金を調達する方法には、増資、金融機関からの借り入れのほかに、社債の発行という手があります。

普通の人は「社債なんて、大企業が発行するもの」と思っているかもしれません。が、中小企業でも「会社」であれば社債を発行することはできるのです。

普通、社債を発行できる会社は、株式会社だけでしたが、平成18（２００６）年の新会社法施行で、株式会社だけでなく、合名会社・合資会社・合同会社でも社債が発行できるようになりました。なので、中小企業でも、気軽に社債を発行できるようになったのです。

ただし社債といっても、少人数にしか告知できない「少人数私募債」にしないと、いろいろ面倒です。少人数私募債というのは、6か月間で少人数の投資家を集めて、社債を購入してもらうという制度です。何が面倒かというと、普通の社債を発行しようとすると、公認会計士の作成した有価証券報告書などを作成しなければならないのです。

しかし、少人数私募債ならば、その必要はありません。少人数私募債は、49人以下しか勧誘できません。社債を購入してくれる人が、49人以下ではなく、勧誘する人が49人以下です。たとえば、100人に声をかけて、49人が購入してくれた、となった場合、少人数私募債とは認められません。

また、もちろん、証券会社などが扱ってくれることはありません。あくまで、知人などに販売する社債です。

ありていにいえば、知人から借金するのと同じことですが、ただ借金するのと社債を販売するのとでは、かなりニュアンスが違ってきます。お金を貸す方も、ただ「お金を貸してくれ」といわれるのと、「社債を買ってほしい」といわれるのとでは、気分も違ってくるでしょう。ただお金を貸してくれというだけなら、よほど金策に詰まった感がありますが、社債といわれれば、ちゃんと計画的に資金調達をしているような印象となります。

この少人数私募債は、利息も償還方法も、会社が自分で決めることができます。上手な借金の方法として覚えておいて損はないと思われます。

東京都の「創業資金3500万円」の融資制度

事業資金を融資してもらおうと思っているとき、日本政策金融公庫や信用保証協会と同様に念頭に置いていただきたいのが、自治体の融資制度です。

自治体によっては中小企業に対して、非常に充実した融資制度を持っています。

たとえば、東京都では、創業資金を3500万円まで融資してくれる制度があります。

これは、東京都が直接融資するのではなく、事業者が銀行から融資を受ける際に、東京都の肝いりにより東京信用保証協会が特別な保証をするという制度です。

この制度は、これまで事業を行ったことがない個人が東京都内で新たに事業を始めるときや、東京都内で操業して5年未満の中小企業が対象となっているものです。つまりは、サラリーマンなどが脱サラ起業した場合を主な対象としているのです。

保証料は、条件や金額等によって変わってきますが、融資額の0・27%～1・72%までです。保証料は、信用保証協会から普通に保証を受けるときよりもかなり安くなっています（これに銀行の利子がかかります）。返済期間は7～10年です。

東京都以外にも、様々な自治体が中小企業への融資制度をつくっています。

自治体の融資制度は、条件を満たしていて、融資枠の空きがあれば、比較的簡単に融資してもらえるものです。

融資を受けたいと思っている場合、自分の住んでいる自治体の融資制度を確認しておくべきでしょう。また充実した融資制度のある自治体で事務所をつくる、というのも手かもしれません。

自治体の融資制度を確認するには、ネットで「○△県　中小企業　融資」などと検索すればすぐに出てきます。また直接、都道府県の中小企業支援課などに問い合わせてもいいでしょう。

生活が苦しいときに融資が受けられる「生活福祉資金貸付制度」

事業がなかなか軌道に乗らなかったり、一時的に不景気になったりして、どうしてもお金が足りなくなるときがあるかもしれません。

そういうときは、消費者ローンや闇金などに手を出しがちです。生活が切羽詰まっているので、いろいろ考える余裕がなく、とりあえずお金を貸してくれるところに頼ってしまいます。

しかし収入がないときに、消費者ローン、闇金などに手を出すと、その後の生活はもっと苦しくなってしまいます。切羽詰まったときこそ、借金は上手にしなければならないのです。

そこで「生活福祉資金」という貸付制度を念頭に置いておいてください。

これは各地区の社会福祉協議会が行っている制度で、老後の生活が苦しい人、所得の低い人や失業などで所得が激減した人などを対象に、生活資金の貸し付けを行っているものです。

主な内容は次の通りです。

・生活支援資金15万円以内（二人以上の世帯20万円）

・一時生活再建資金60万円以内
・住宅入居資金40万円以内

また家を持っている人は、不動産を担保にして借り入れをすることもできます。

申し込み者は、原則として、連帯保証人を立てることが必要ですが、連帯保証人を立てない場合も借入申し込みをすることができるようになっています。

貸付利子の利率は、連帯保証人を立てる場合は無利子、連帯保証人を立てない場合は年1・5％です。普通の融資に比べれば、圧倒的に安いといえます。

この生活福祉資金は、ハローワークで求職していることなどが条件です。市区町村社会福祉協議会に行けば、申し込むことができます。お金に困っている人は、まず各地区の社会福祉協議会に相談してみましょう。

社会福祉協議会の所在地、連絡先などは、市区町村に問い合わせれば教えてくれます。

またほかにも、自治体によっては独自に、生活が苦しい人向けの融資を行っているところもあります。これは、各自治体に問い合わせてみてください。

助成金を使いこなそう

これまで金融機関の融資制度について紹介してきました。

さらに、国や自治体は融資ではなく助成金という制度もつくっています。助成金とは、つまり「もらえるお金」であり、融資と違って返済する必要はないのです。

一般の人は、「助成金を受けるのは難しいんじゃないか?」と思いがちです。しかし、助成金というのは、条件を満たしていればけっこう誰でも受けられるものなのです。助成金の中には一定の要件さえクリアしていれば受給することができるものもあります。

だから、条件を満たす人は申請さえすれば、かなりの可能性で受けられることが多いのです。これを知っているのと知らないのとでは、事業資金調達の上でまったく違うといえます。

たとえば、東京都では創業資金として最高300万円を助成するという制度があります。

これは東京都内で創業を予定しているか、東京都内で創業して5年未満の中小企業で、一定の条件を満たす事業者が対象となるものです。個人事業でも会社でもOKです。審査に通った場合、賃借料、広告費、器具備品購入費、人件費などは助成の対象となり、対象となる経費の3分の2以内で100万円以上300万円までが助成されます。

東京都だけではなく、いろんな自治体が様々な起業家や中小企業に向けた助成金を設けていますので、ぜひネットなどで調べてみてください。

65歳以上の人を雇用すれば年90万円もらえる

事業を始めたとき、経費負担が大きいものに人件費があります。

一人でできる事業ならば、人件費はかかりませんが、事業というのはだいたい人手が必要なものです。親族が手弁当で手伝ってくれるならばいいですが、なかなかそうもいかないでしょう。

普通に人を雇えば、どうしても月15万円くらいはかかってしまいます。年間にすると200万円近くになります。二人雇えば、400万円です。

起業家にとっては、人件費をどう賄うかは頭の痛い問題でもあるでしょう。

この人件費を、国の助成金で賄うという方法もあります。

国の雇用助成金の主なものに「高年齢者雇用開発特別奨励金」というものがあります。

これは65歳以上の人をハローワークの紹介で、週30時間以上1年以上雇用した場合、一人につき年間90万円の助成金がもらえるというものです（短期労働者以外で中小企業の場合）。月15万円の給料を払うとするならば、その半分を国の助成金で賄えるのです。高齢者にもできる仕事内容の場合は、この制度を利用すれば、相当な人件費削減となるでしょう。

またこの制度では週30時間未満（20時間以上）の短時間労働でも年間60万円がもらえます（中小企業の場合）。だから、週20時間程度の短時間労働者を雇用したいとき、この制度を使えばかなり経費の削減になります。週20時間程度ならば、給料は月８万円程度にすることもできます。年間でも96万円です。人件費96万円のうち60万円が国からもらえるのだから、人件費の５割以上が賄えることになります。

たとえば、ちょっとした小売店を営んでいて日中の店番が必要なときや、飲食店をやっていて、忙しい時間だけ人手が欲しいと思っている場合などは有効に使えると思われます。

中高年や母子家庭の母親を雇えば月4万円以上もらえる

これまで紹介してきた助成金は、高齢者の雇用を条件としたものなので、「業種的に高齢者には無理」という場合もあるでしょう。そういう事業者には、45歳以上の中高年、母子家庭の母親などを試行的に3か月間雇用する場合、一人あたり月4万円の奨励金がもらえるという制度もあります。

これは「試行雇用奨励金」というものです。

この制度の特徴は、「3か月間の試用」だけで助成金がもらえるということです。ほかの助成金は、だいたい1年以上雇用しないともらえないのですが、この助成金は3か月だけでいいのです。

人を雇う場合、一番問題になるのは、その人がその仕事をこなせるかどうかでしょう。だから、3か月の試用でそれを見極めることができるというのは、事業者にとってはありがたい制度だといえます。能力がわからない人をいきなり1年間雇用するのは勇気がいりますし、リスクが大きいものです。

この制度を使えば、給料が15万円としても、その4分の1以上は助成金で賄うことができるというわけです。

また片親家庭の親を雇用する場合は、最高月5万円をもらうことができます。

この「試行雇用奨励金」の条件の中には、「55歳未満でニートやフリーター」というものがあります。つまりニートなど職業経験がない若者を試行的に3か月雇えば、月4万円の助成金が受け取れるのです。

ちょっと頼りないかもしれませんが、もし若者を育てるのがうまい人などには、使い勝手がいい制度だといえます。

雇用の対象となる人の条件はだいたい次の通りです。

・45歳以上の中高年齢者
・母子家庭の母等
・季節労働者
・中国残留邦人等永住帰国者

・障害者
・日雇い労働者・住居喪失不安定就労者・ホームレス
詳しいことは最寄りのハローワークにお問い合わせください。

あとがき〜サラリーマンはみな起業の準備をしておくべき〜

これからのサラリーマンはみな起業を目指すべきだと筆者は考えています。

「サラリーマンは全員起業すべき」

といっているわけではありません。

「起業を目指し、起業の準備をしておくべき」

ということです。サラリーマンが起業を目指すことは、「夢を叶えるため」のように思われることが多いです。しかし、昨今ではそういう「夢のある話」ではなく、自衛のために起業を考えなくてはならない世の中になりつつあります。

ご存じのように、日本は深刻な少子高齢化社会に突入しています。医療や介護にかかる費用が激増すると見られるうえに、若い働き手がどんどん少なくなっています。経済成長は見込めなくなり、必然的に国民の生活は苦しくなることが予想されます。

国内消費はこれから下がっていくばかりであり、多くの会社が淘汰されるかもしれませんし、淘汰を免れても今までのような経営が難しくなるところが増えるでしょう。会社が急に倒産したり、大掛かりなリストラをすることは今後どんどん多くなるはずです。

「会社に勤めていれば生涯安泰」

という時代はもう完全に終わったのです。

それに加え、世界経済も決して視界良好ではありません。

最近ではウクライナ危機による急激なインフレーションが世界経済を襲っています。ウクライナ危機では、図らずも世界のエネルギーや食糧が、非常に不安定な状態に置かれていることが露呈しました。エネルギーや食糧の問題は、これからもっと深刻化するとも懸念されています。

これからの時代を生き抜くために、我々は自分でできる精いっぱいの自衛策を講じていなければなりません。いつでも会社に頼らずに生きていけるように、つまりは起業の準備が必要だということです。

本当に起業しなくても「起業を目指す」だけでも十分に価値があると筆者は思います。サラリーマンをしながら、起業のシミュレーションをしてくということは、いざというときの準備にもなります。個人事業者や会社経営者の税金や社会保険の仕組みを知ることで、サラリーマンとしての税金や社会保険を見直すこともできます。サラリーマンの強み、弱みも見えてきますし、今後の自分の働き方や人生設計を考える大きなヒントを与えてくれるはずです。

また本文でも述べましたが、サラリーマンをしながら副業をしてみるということも、有益だと思われます。昨今ではサラリーマンの副業を国も奨励していますし、会社の中にも奨励しているところもあります。「会社以外にお金を得る手段を持っておく」というのは、実利の上でも、精神面でも心強いはずです。

バリバリのサラリーマンが起業の準備をすることも大事ですが、定年を間近にした人が、再就職の選択肢の一つとして起業を考えておくということも非常に大事だと思われます。

「起業する」

ということは自分で仕事をつくるということでもあります。

2019年に日本中を騒がした、いわゆる「老後2000万円問題」にしても、自助の必要性を思い知らされました。年金の不足は、政治の失敗でもあるのですが、国がこれを解決するまでには時間がかかるでしょう。

眼前の問題を解決するためには、自分で動くしかないのです。

年金の不足分を補うためには、定年後もある程度働かなくてはならないのですが、定年後はなかなか働く先はありません。しかし起業すれば、働く先を探す必要はありませんし、自分のペースで自分の体と気力が続き限り、仕事をすることができます。

このように「サラリーマンの起業」というのは、いろんな意味においてこれからの経済生活で重要な要素になると思われるのです。そして本書が、みなさんの「起業戦略」の一助になれば筆者としてはこれに勝る喜びはありません。

最後に、小学館の小川昭芳編集長をはじめ、本書の制作に尽力をいただいた皆様にこの場をお借りして御礼を申し上げます。

2022年11月　著者

図版：タナカデザイン
校正：田中修

大村大次郎［おおむら・おおじろう］
大阪府出身。元国税調査官。国税局で10年間、主に法人税担当調査官として勤務し、退職後に経理事務所などを経て、経営コンサルタント、フリーランスのライター・作家となる。執筆、ラジオ出演、連続ドラマの監修など幅広く活躍している。ベストセラーとなった『あらゆる領収書は経費で落とせる』『税務署員だけのヒミツの節税術』（共に中公新書ラクレ）のほかに『やってはいけない相続対策』『やってはいけない老後対策』（共に小学館新書）など多数のヒット作を上梓している。

編集：小川昭芳

サラリーマンのための起業の教科書
～損しないフリーランスの極意

二〇二二年 十一月二十九日 初版第一刷発行

著者 大村大次郎
発行人 飯田昌宏
発行所 株式会社小学館
〒一〇一－八〇〇一 東京都千代田区一ツ橋二ノ三ノ一
電話 編集：〇三－三二三〇－五一一七
販売：〇三－五二八一－三五五五

印刷・製本 中央精版印刷株式会社

Printed in Japan ISBN978-4-09-825433-0